不管是久窩抽屜內的一團布，

或是已經不穿的罩衫一小角都ＯＫ！

試著將這些碎布找出來縫縫補補一番吧！

正因為是利用零碼布拼縫的小物，

即使是新手也可以輕鬆完成。

若是遇上過小的布片，再補接一片就行了！

本書所收錄的正是這類作法簡單、

造型超級卡哇伊的小小布雜貨，

挑選喜歡的款式來試試身手吧！

U0136471

初學者也能輕鬆縫

10cm零碼布就能作的1小時布雜貨

COTTON TIME 特別編集

COTTON TIME 特別編集

初學者也能輕鬆縫

10cm零碼布就能作的1小時布雜貨

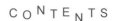

CONTENTS

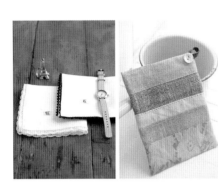

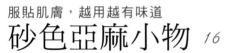

服貼肌膚，越用越有味道
砂色亞麻小物 *16*

只要10cm就可以輕鬆搞定！
巴掌大的可愛雜貨 *6*

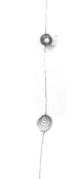

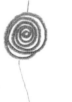

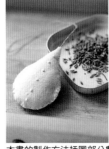

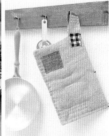

本書的製作方法插圖部分數字單位為cm

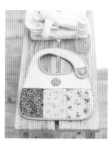
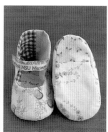

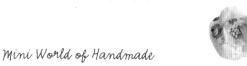

✚ 特別收入 原寸紙型

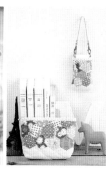
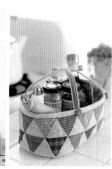
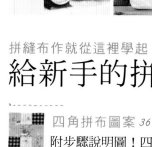

只要10cm就可以
輕鬆搞定！

巴掌大的可愛雜貨

這個作品獻給不善裁縫，對手作裹足不前的人。

快找出家中閒置已久的零碼布，動手縫縫看吧！

不要總認為裁縫很難，只要跨出第一步，一定能從中找到樂趣。

收納小雜物或單純當裝飾，都ＯＫ！

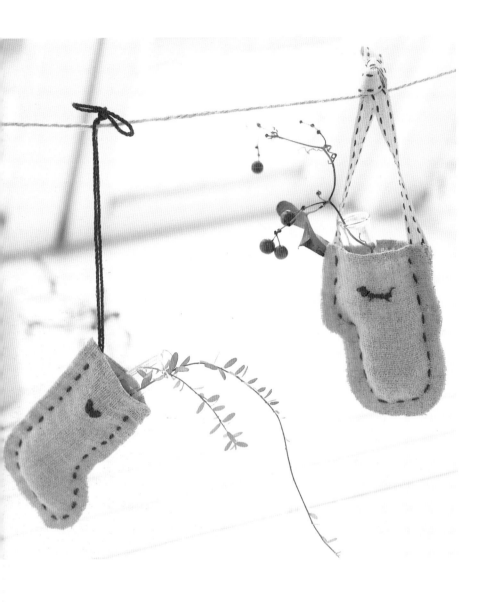

四角小布盒

兵庫縣／吉田香織

完成尺寸約為5.5cm的正方形，恰巧可用來收納鈕釦、鑰匙、迴紋針及耳環等；拿來當小玻璃杯的杯墊也很適合喔！變換正反面的布色、花紋，想縫幾個就縫幾個。

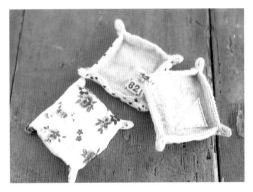

在盒底縫上標籤、姓名縮寫貼布，或在邊角裝飾幾顆串珠都能增添趣味。

※材料　<1個>棉布7cm的正方形2片，布紋、花色依個人喜好

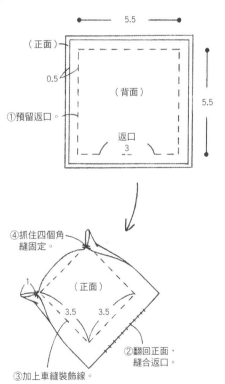

襪型花瓶套

千葉縣／辻弘子

玻璃工藝家辻弘子縫製的是與單支玻璃花瓶十分對味的簡約裝飾。只要把布裁成襪子和手套的形狀，直接以粗針縫合就大功告成，又是一件容易上手的作品！加上紅色的繡線，就能製造出令人驚艷的效果。

※材料　<1個>駝色碎布約10×20cm、紅色繡線、繩帶及緞帶等

7

高 點 綴 性 的 零 碼 布 小 物

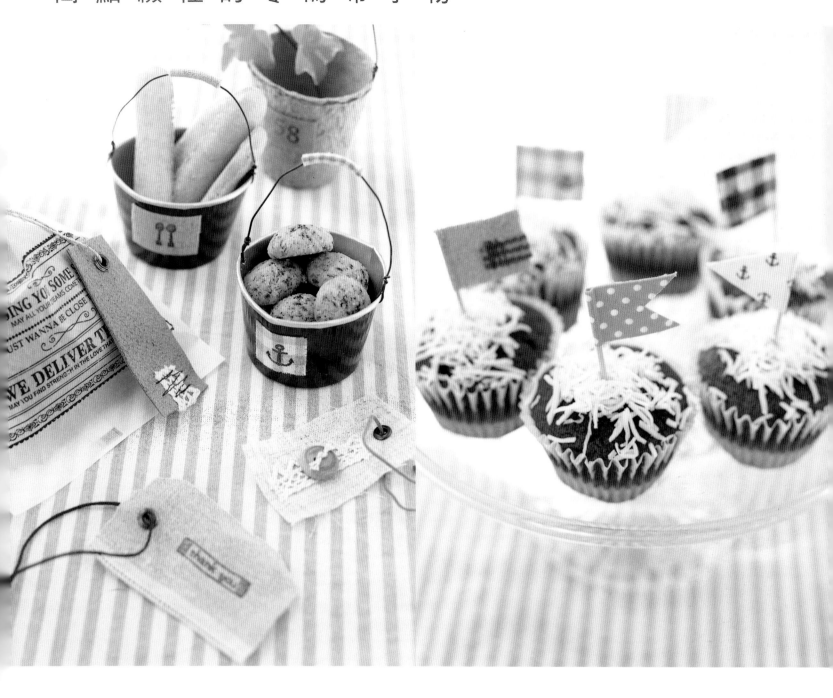

烤餅乾標籤

福岡縣／細川美紀

在零碼布上加個雞眼釦，穿入繩子，僅使用布邊，再縫上蕾絲、鈕釦，增加趣味性。以Z字型車縫縫上蕾絲，若選用色彩鮮艷的黑色或紅色縫線，會更加可愛喔！

※材料　任何形狀的碎布（可多準備一種棉布、蕾絲或鈕釦等）、繩子約20cm、雞眼釦

馬芬蛋糕裝飾插旗

福岡縣／細川美紀

將裁成左右對稱的小碎布，以雙面膠黏貼在牙籤頭上，作法超簡單。如果點心時間時，也能裝扮得像午餐般繽紛趣味，孩子們一定會開心的跳起來。也可以再加一些巧思尋求變化，如將旗子作成三角形等。

※材料　<1枝竹籤旗>一根竹籤需綿布約3×6cm、牙籤、雙面膠

吊飾

福岡縣／本田由香

把不同花色的多塊碎布拼縫在一起，竟不可思議地變成原創性十足的吊飾。可以就手邊現有的碎布，或利用有著漂亮顏色的餐巾布一角，只要率性地粗縫，就別有一番味道喔！

※材料　碎布數種各約5×10cm、衣服的標籤等、紅線、繩子
※如下圖，若能事先將各種碎布拼縫起來會變得很方便；右圖掛在牆上的隔熱手套掛鉤也是。

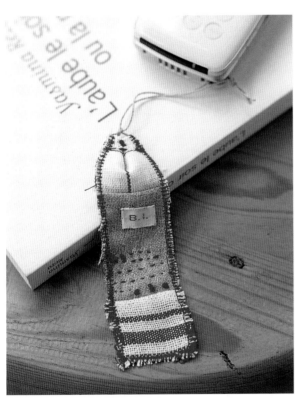

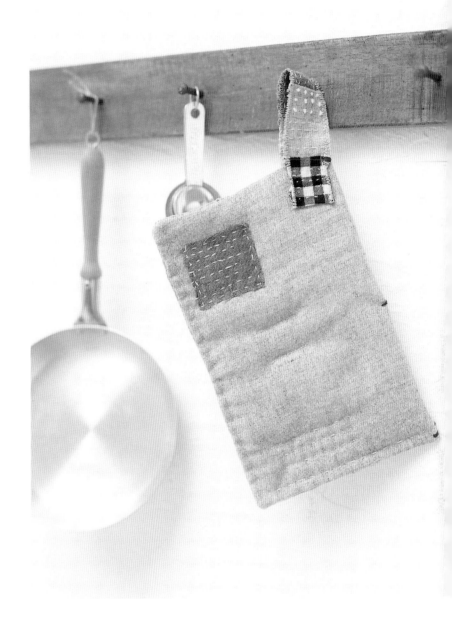

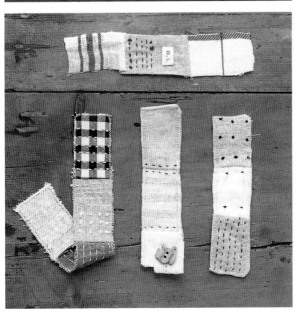

吊掛式隔熱墊

福岡縣／本田由香

隔熱墊造型簡單，材質為散發自然之美的淺駝色亞麻布，相形之下，隨性加上粗縫的寬版吊環顯得童趣盎然，就成為了重點裝飾。

※材料　駝色亞麻布約30×20cm、灰色棉布約5cm的正方形、棉襯15×20cm、吊環用駝色亞麻布及格紋碎布數種、白線

自然風垂飾

兵庫縣／平田亞貴子

也許是因為花店老板平田小姐經常接觸花草的關係，就連手作雜貨也充滿自然素材。此款作品是將軟木塞、棉花、植物葉子及摺疊起的碎布加以組合，再以線串接而成的裝飾品。

米材料　四方形紅色格紋布約20cm、樹木果實、軟木塞、棉花、乾燥的拉菲亞草緞帶、植物葉子

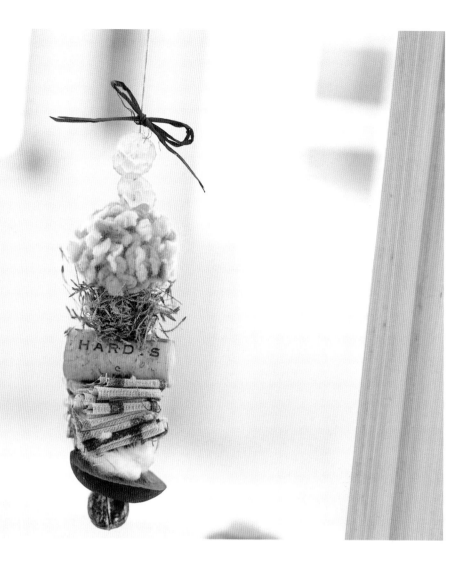

迎 風 搖 曳 的 雅 緻 碎 布 垂 飾

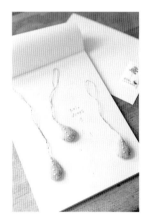
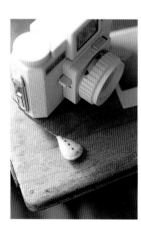
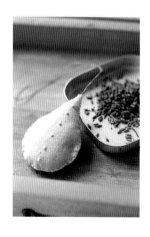

雨滴垂飾

東京都／小倉實子

作品創作靈感來自垂掛於傘邊的雨滴及窗戶流下的雨珠。兩片不織布重疊後，隨興粗裁、縫合，散發著質樸拙趣。裡面塞入乾燥的薰衣草，可當作香包使用；再加上繩子垂掛起來，就成了別具一格的室內裝飾品。

米材料　（大水滴1個）藍色或白色不織布10cm的正方形2片、（小水滴1個）藍色或白色不織布3×5cm2片、白色繡線、乾燥薰衣草

3. 夾入繩子，
就大功告成啦！

＊繡線=25號繡線

塞入棉花。若再
加上乾燥薰衣草
就更棒了。

good!

in

2. 兩片疊放後
縫合四周。

1. 裁剪兩片不織布，
在單片上進行刺繡。

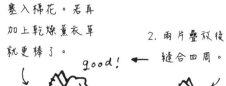
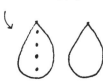

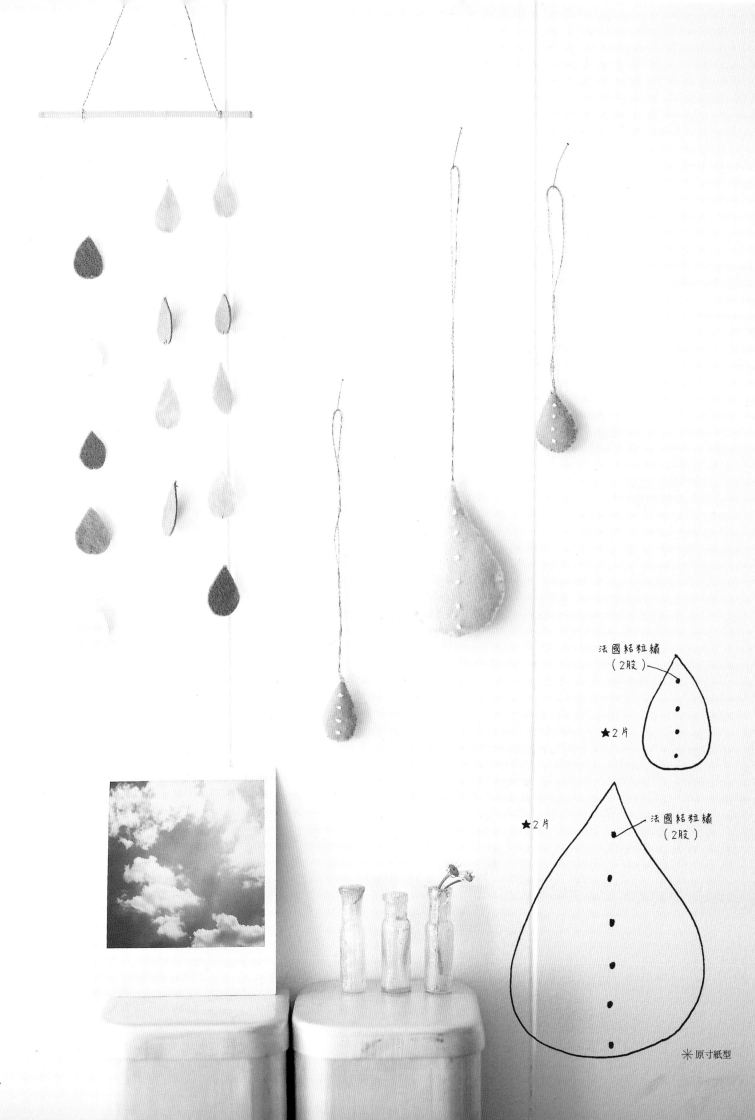

法國結粒繡
（2股）

★2片

★2片

法國結粒繡
（2股）

※原寸紙型

色彩繽紛的包釦

愛知縣／橋野友子

挑選喜歡的花色，僅需2cm的正方形就能包好一
顆釦子，還可在手工藝店找到好用的輔助工具。
作好的包釦可拿來縫衣服，或是如右圖將其點綴
於雜貨上，用途很廣泛喔！

米材料　喜歡的碎布、線軸及木珠、圓形鬆緊帶、木頭夾、
　　　　包釦縫製工具

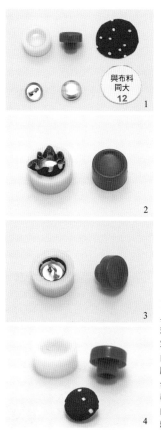

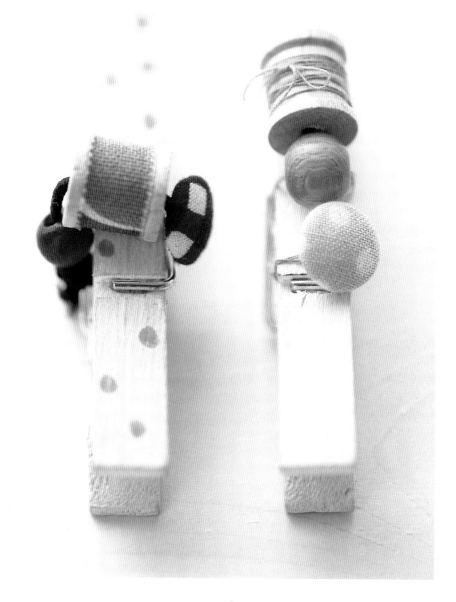

1. 備妥縫製包釦的工
具（專用器具）和布
料。2. 將布片與上釦
塞入白色圈環的洞孔
內，接著以藍色器具
壓緊。3. 將下釦疊在
步驟②上，再以藍色
器具按壓。4. 從洞孔
內倒出鈕釦，一下子
就完成了。

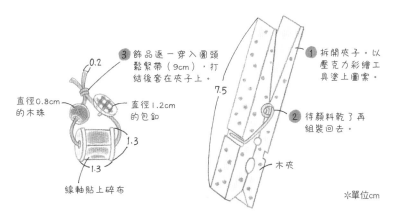

0.2

③ 飾品逐一穿入圓頭
鬆緊帶（9cm），打
結後套在夾子上。

直徑0.8cm
的木珠

直徑1.2cm
的包釦

7.5

1.3

1.3

線軸貼上碎布

① 拆開夾子。以
壓克力彩繪工
具塗上圖案。

② 待顏料乾了再
組裝回去。

木夾

※單位cm

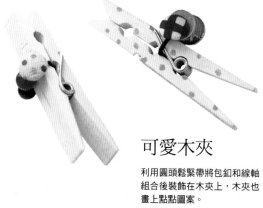

可愛木夾

利用圓頭鬆緊帶將包釦和線軸
組合後裝飾在木夾上，木夾也
畫上點點圖案。

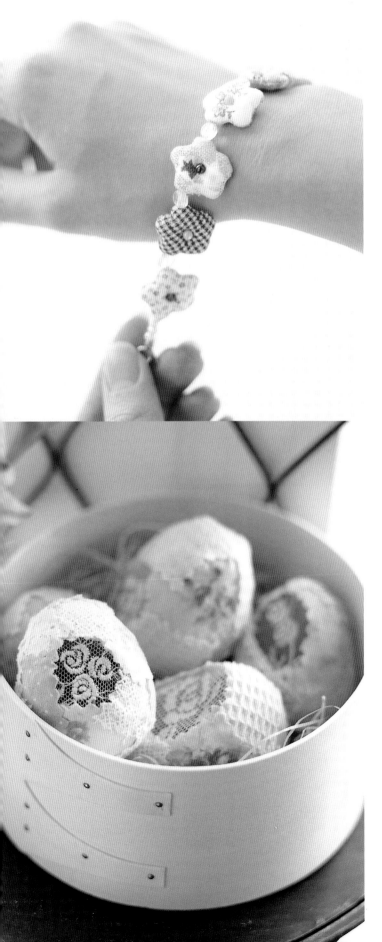

小花手環

東京都／宮壽惠

挑一些色彩鮮明的零碼布，先作成花形圖案，再以漂亮的串珠，串成一條手環。若在縫份上剪牙口，小花的形狀會顯得更洗鍊有型。

※材料　喜歡的碎布（一朵花約5cm的正方形2片）、各種串珠（0.3cm、0.6cm）、手縫線、棉花、彈簧釦頭、釦片

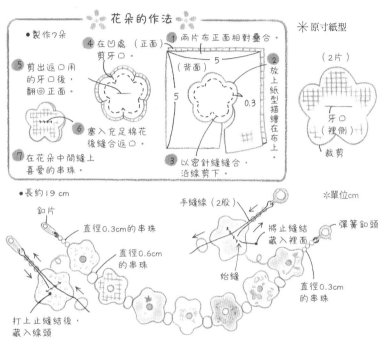

花朵的作法

●製作7朵

① 兩片布正面相對疊合。
② 放上紙型描繪在布上。
③ 以密針縫縫合，沿線剪下。
④ 在凹處（正面）剪牙口。
⑤ 剪出返口用的牙口後，翻回正面。
⑥ 塞入充足棉花後縫合返口。
⑦ 在花朵中間縫上喜愛的串珠。

※原寸紙型
（2片）
牙口（裡側）
裁剪

●長約19cm　　　　　　　　　　※單位cm

釦片
直徑0.3cm的串珠
直徑0.6cm的串珠
手縫線（2股）
將止縫結藏入裡面
彈簧釦頭
始縫
直徑0.3cm的串珠
打上止縫結後，藏入線頭

蛋形香包

福島縣／勝田京子

敲擊蛋的側邊後暫置一旁，接著以錐子在蛋殼上開一個直徑約2cm的洞，讓蛋內的液體全部流乾淨，再塞入乾燥的花草，外殼貼上碎布作裝飾，至於散發香氣的洞孔則以網紗遮住。

※材料　各種棉質碎布、網紗蕾絲、蛋、木工用接著劑

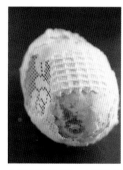

為避免蛋殼破裂，在黏貼碎布時請小心，不要太用力。

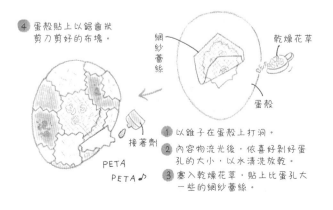

④ 蛋殼貼上以鋸齒狀剪刀剪好的布塊。

網紗蕾絲
乾燥花草
蛋殼
接著劑

① 以錐子在蛋殼上打洞。
② 內容物流光後，依喜好剝好蛋孔的大小，以水清洗放乾。
③ 塞入乾燥花草，貼上比蛋孔大一些的網紗蕾絲。

PETA
PETA♪

貼上去就能營造華麗感的俏皮 YO-YO

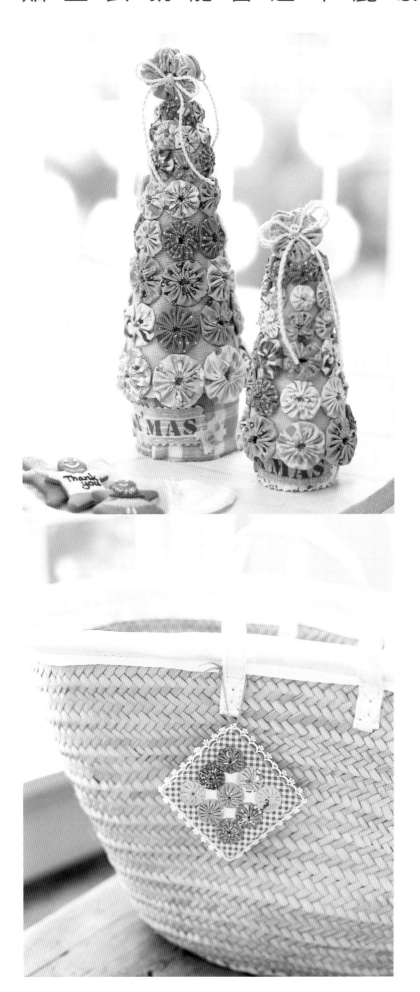

YO-YO 聖誕樹

北海道／南幸子

在圓形布片的周圍進行平針縫，用力拉線縮縫就完成一枚YO-YO了喔！建議利用閒暇時間陸陸續續拼縫，日後隨時都能派上用場。例如將YO-YO黏貼在圓錐狀的厚紙板上，即變成一棵開滿花朵的聖誕樹。

※材料　喜愛的各種碎布、厚紙板、紙杯、裝飾繩帶、木工用接著劑

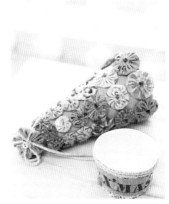

樹高約25cm。將扇形厚紙板捲成圓錐狀，樹根以紙杯代替，兼具收納功能。YO-YO拼布每接近樹頂一層就縮小1cm，藉以保持整體的平衡感。

❀ YO-YO拼布的作法 ❀

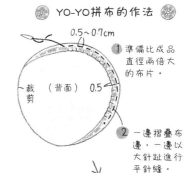

0.5～0.7cm

❶ 準備比成品直徑兩倍大的布片。

裁剪　（背面）0.5

❷ 一邊摺疊布邊，一邊以大針趾進行平針縫。

❸ 拉線。

（正面）

外框的作法是在兩片厚紙上（其中一片作成挖空的四角形框），包上布料，再夾入蕾絲帶和鏡子，以接著劑黏貼固定。

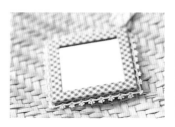

YO-YO 掛飾

埼玉縣／渡部友子

先以鏡子與厚紙板作成底座，如同拼拼圖般，以Yo-Yo拼布拼貼出各式圖案。為襯托簡約的包身，特意挑選繽紛的布色。若改用雅緻色調，會展現完全不同風格。請依包款調配組合，享受變換的樂趣。

※材料　縫製YO-YO拼布的各種碎布、鏡子、厚紙板、紅白相間格紋布、蕾絲帶（配合鏡子的尺寸）、木工用接著劑

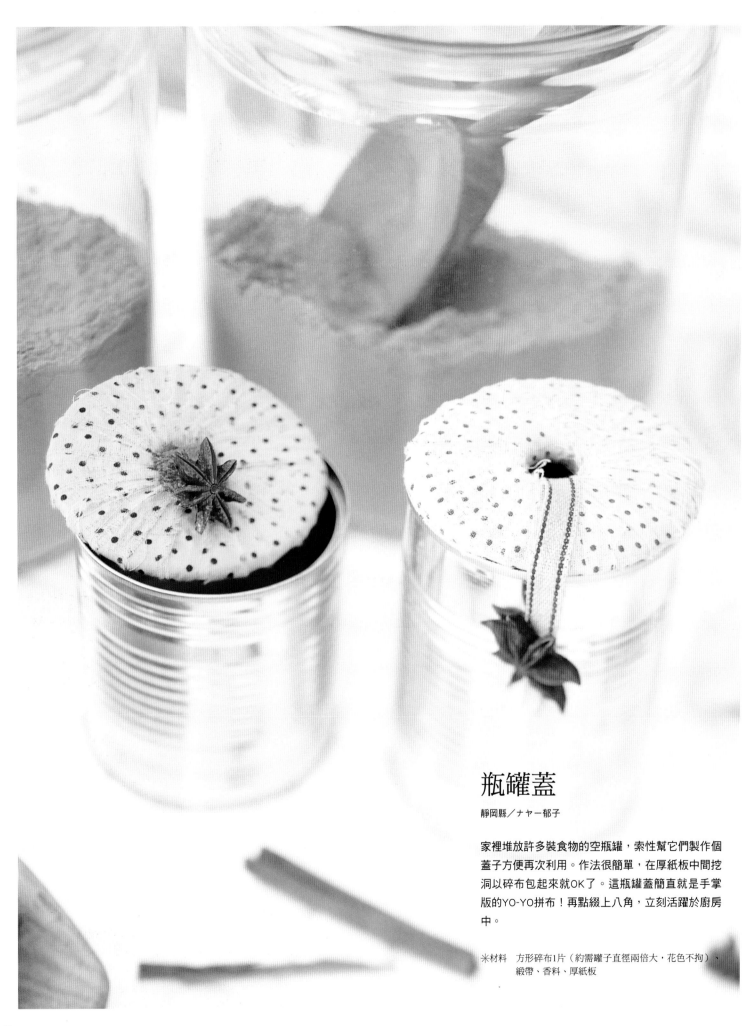

瓶罐蓋

靜岡縣／ナヤー郁子

家裡堆放許多裝食物的空瓶罐，索性幫它們製作個蓋子方便再次利用。作法很簡單，在厚紙板中間挖洞以碎布包起來就OK了。這瓶罐蓋簡直就是手掌版的YO-YO拼布！再點綴上八角，立刻活躍於廚房中。

米材料　方形碎布1片（約需罐子直徑兩倍大，花色不拘）、緞帶、香料、厚紙板

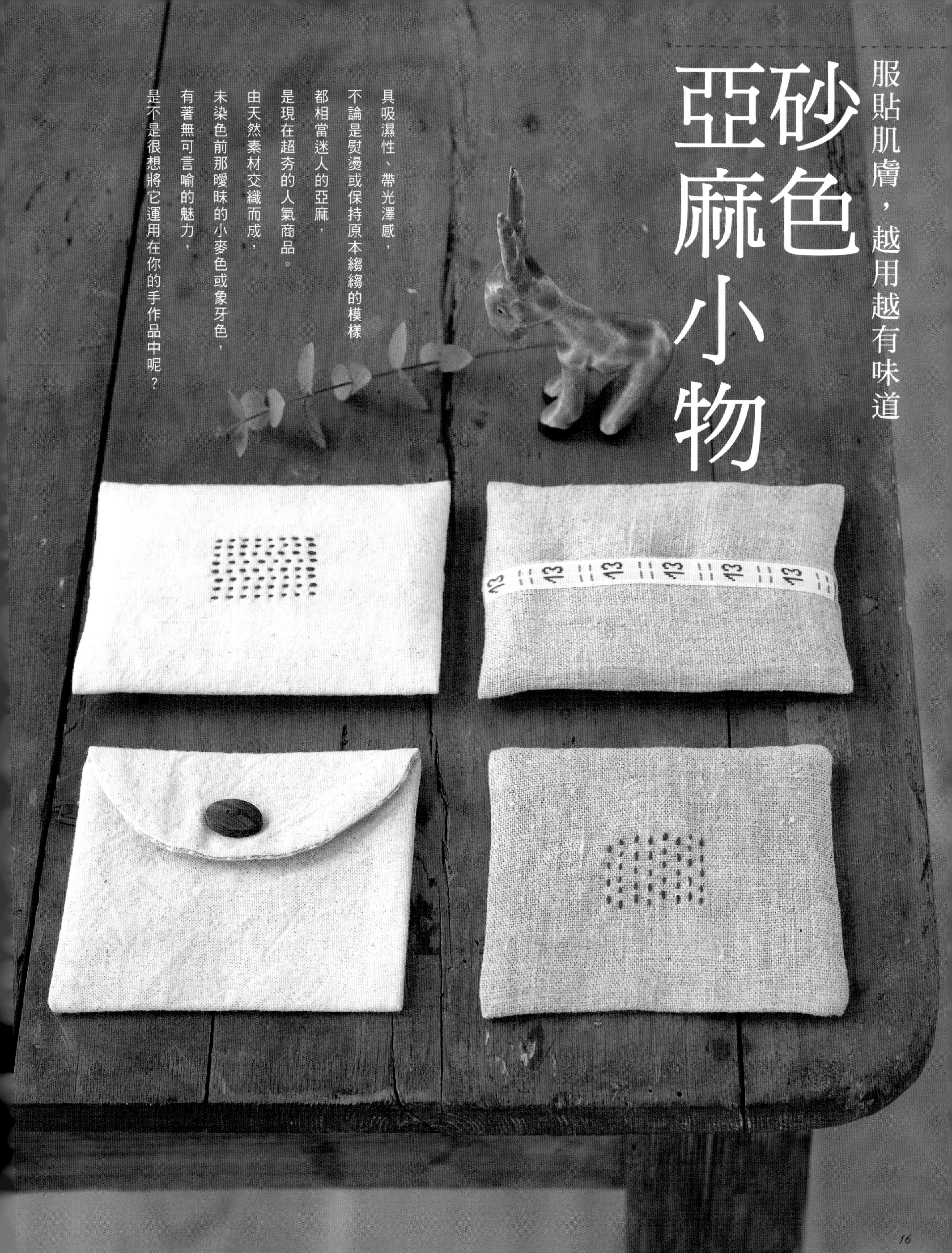

服貼肌膚，越用越有味道

砂色亞麻小物

具吸濕性、帶光澤感，
不論是熨燙或保持原本縐縐的模樣
都相當迷人的亞麻，
是現在超夯的人氣商品。
由天然素材交織而成，
未染色前那曖昧的小麥色或象牙色，
有著無可言喻的魅力，
是不是很想將它運用在你的手作品中呢？

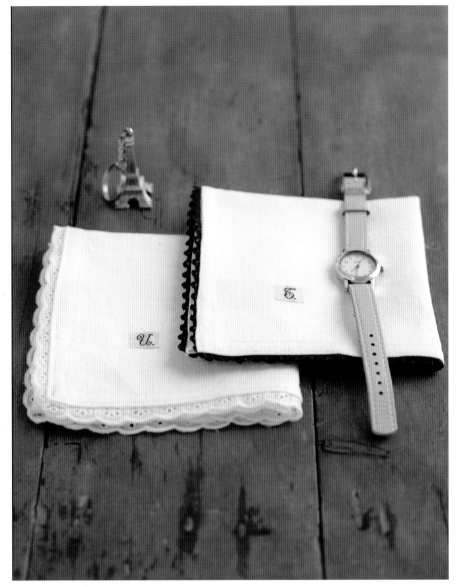

手帕

神奈川縣／山之內薰

只在白色的厚亞麻布的四周綴上蕾絲，就如此優雅。不論是汗水、潑出的茶水，甚至是淚水，都能被完全吸收與包容。充滿清潔感，且耐洗不鬆垮。25cm的正方形，精巧迷人！

米材料　＜右＞亞麻布30cm的正方形、寬1cm蕾絲．寬1cm棉布帶各110cm、寬1.2cm的布條5cm
※左側的手帕作法相同。

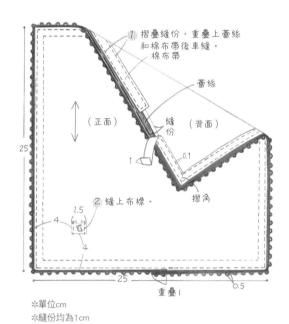

1 摺疊縫份，重疊上蕾絲和棉布帶後車縫。
棉布帶
蕾絲
（正面）
縫份
（背面）
25
0.1
1
2 縫上布標。
摺角
1.5
4
G
4
25
重疊1
0.5

※單位cm
※縫份均為1cm

隨身日用品

講求簡約設計的

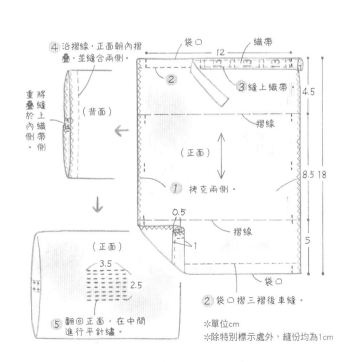

4 沿摺線，正面朝內摺疊，並縫合兩側。
將縫上織帶側重疊於內側。
（背面）
2
袋口
12
織帶
3 縫上織帶
4.5
摺線
（正面）
8.5 18
1 拷克兩側。
0.5
摺線
1
5
（正面）
3.5
2.5
袋口
2 袋口摺三摺後車縫。
5 翻回正面，在中間進行平針縫。

面紙包

埼玉縣／鈴木朱美

可以把它想成一個小布袋。亞麻搭配紅色繡縫，真是美麗滿點！鈴木小姐表示「棉線沒有光澤，比繡線更適合亞麻材質」。你瞧，布與線幾乎要融為一體！

米材料　＜右上＞淺駝色亞麻布15×25cm、寬1cm的織帶15cm、棉線
※右上面紙包的後側與左上的圖案相同。

※單位cm
※除特別標示處外，縫份均為1cm

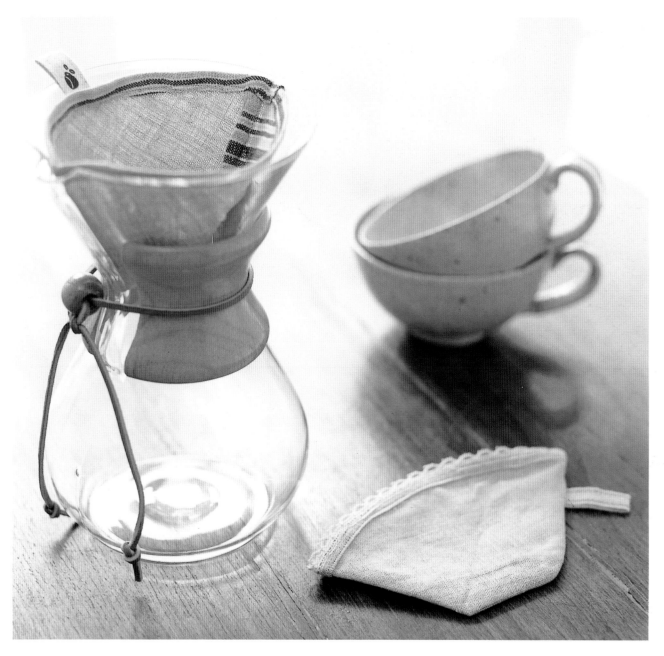

多樣表情的駝色亞麻

花的・素的・厚的・薄的・……

咖啡濾網

奈良縣／中野奈緒

在反覆的使用中被浸染成咖啡色的亞麻,反倒耐人品味再三。而為了不損及咖啡的風味,新作好的濾網先用熱水燙過,除掉漿及布的味道。

※材料　駝色亞麻布(含滾邊部分)35×50cm、
　　　　寬1cm蕾絲40cm、寬1.6cm麻布條10cm

※作法說明的是右邊濾網的作法。更換滾邊布及吊環的位置,即可呈現如左邊濾網般的另一種氛圍。

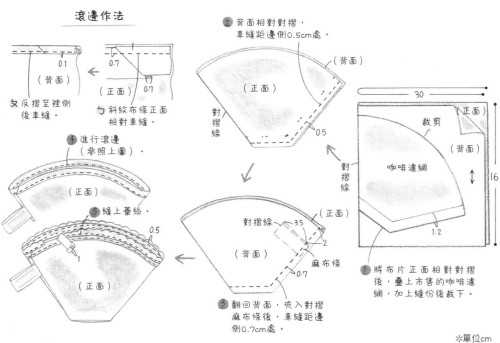

滾邊作法

ㄅ斜紋布條正面相對車縫。

ㄆ反摺至裡側後車縫。

② 背面相對對摺,車縫距邊側0.5cm處。

④ 進行滾邊(參照上圖)。

⑤ 縫上蕾絲。

③ 翻回背面,夾入對摺麻布條後,車縫距邊側0.7cm處。

① 將布片正面相對對摺後,疊上市售的咖啡濾網,加上縫份後裁下。

咖啡濾網

裁剪

對摺線

麻布條

30

16

1.2

※單位cm

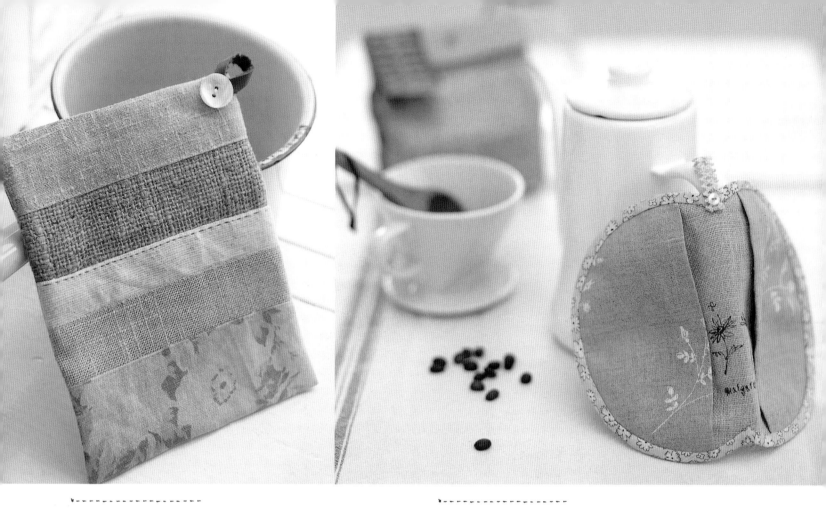

雅緻隔熱墊

神奈川縣／川島千登勢

將數塊長條狀亞麻接縫在一起，雖然底色都是砂色，但有的是格紋摻雜少量的藍，有的是花朵圖案……利用碎布的變換組合，就可以體驗到手作的深層樂趣。

米材料　四款亞麻布・印花布・淺藍格紋布各20×10cm、藍格紋20cm的正方形、棉襯（貼紙狀化纖棉）20×25cm、寬0.7cm皮繩10cm、直徑2.1cm的鈕釦1顆、25號繡線

蝴蝶隔熱墊

大阪府／西山真砂子

看似展翅蝴蝶的隔熱墊，造型美得沒話說，最大創意則在正反兩面的口袋。手指穿入口袋，可以將鍋子握得更穩。亞麻的獨特貼合感則讓手倍感舒適。

米材料　駝色亞麻布（口袋）40×20cm、駝色粗織亞麻布（基底表布）・原色粗織亞麻布（基底裡布）・棉襯各25×20cm、灰色碎花布（滾邊）30cm的正方形、貼布繡用布、寬1cm蕾絲10cm、直徑0.7cm的鈕釦2顆

米原寸紙型 B面

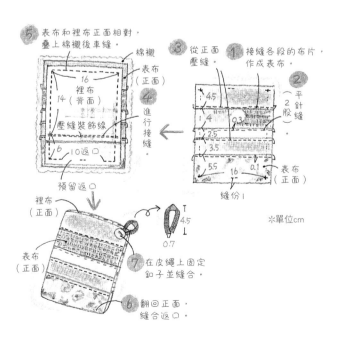

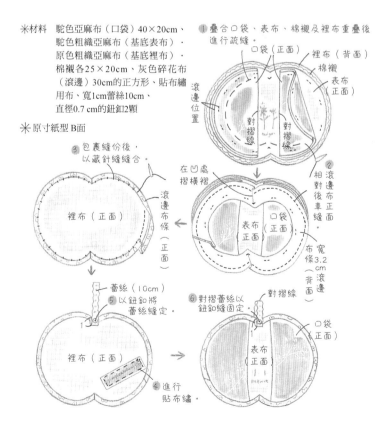

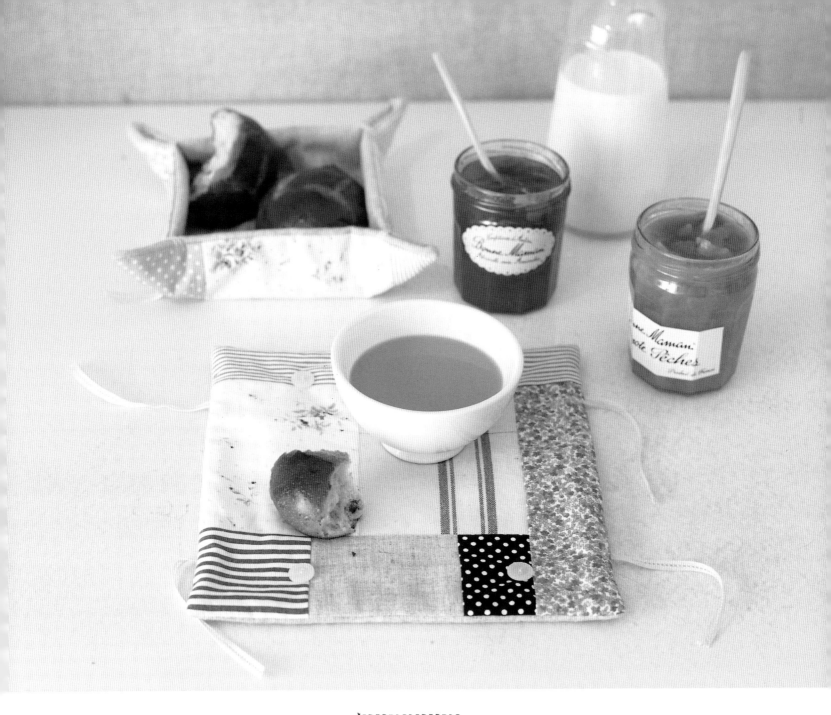

米材料 亞麻布（裡布‧拼布）40×30cm、各種拼布用布、市售毛巾55×30cm、寬0.6cm蕾絲55cm、直徑1.5cm的鈕釦4顆

返口8

毛巾

裡布（正面）

②以疏縫固定蕾絲（13cm）。

①拼縫布塊。

表布（正面）

④翻回正面，縫合返口。

③疊合裡布和毛巾，
留下返口縫合。

⑤縫上釦子。

10

14

21

4

7

7

9

4

2.5

5

※單位cm
※縫份均為1cm

兩用餐墊

東京都／菊池志保

剛烤好的麵包、香噴噴的咖啡歐蕾，再搭配上美麗的手作餐墊，就是一百分的早午餐！在不同花色組合的拼布中，加入一片深色的布塊，使得整體印象更為內斂。以毛巾代替棉襯夾在中間，清洗上也輕鬆許多。

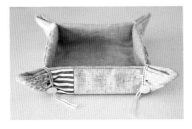

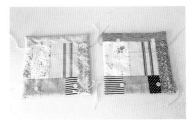

四個角處以蕾絲帶扣在釘子上，立刻化身為小巧托盤。

改變一下布塊的拼縫位置就有不同表情，幫家人各縫製一片吧！

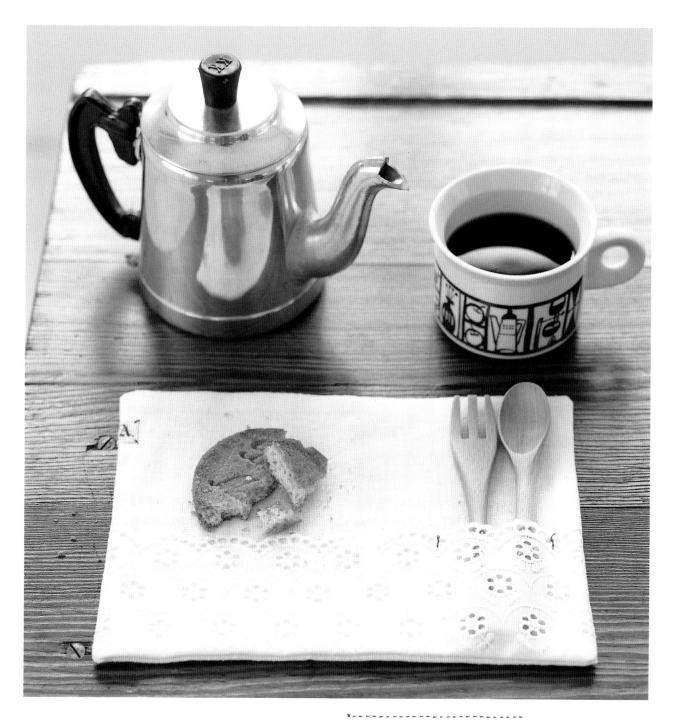

收納包 & 點心墊

福岡縣／田島真由美

這款作品的設計靈感來自媽媽的白色圍裙。口袋的蕾絲是日產的舊物，連縫在左上角的姓名布標也散發古樸的氣息，簡約中透露出高雅氣質。

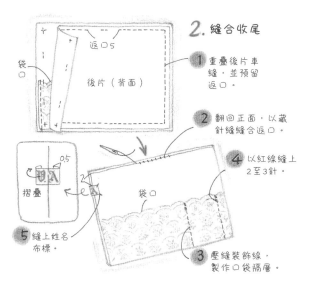

2. 縫合收尾

① 重疊後片車縫，並預留返口。

② 翻回正面，以藏針縫縫合返口。

④ 以紅線縫上2至3針。

⑤ 縫上姓名布標。

③ 壓縫裝飾線，製作口袋隔層。

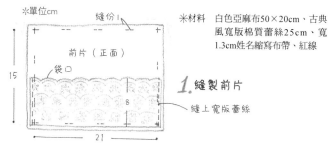

※單位cm

※材料　白色亞麻布50×20cm、古典風寬版棉質蕾絲25cm、寬1.3cm姓名縮寫布帶、紅線

1. 縫製前片

縫上寬版蕾絲

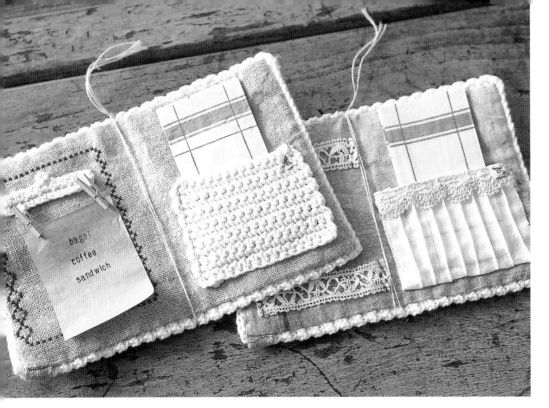

手感菜單套

神奈川縣／真崎亞由美

右側的大口袋可擺入餐巾紙，左側以木夾夾上今日菜色。原本平淡無奇的用餐及點心時間，也變得特別了。在生日及家庭紀念日時，拿出來用也很棒哦！

米材料 ＜左＞粗織亞麻布25×20cm（內層用）、原色棉紗（外層用）、麻線30cm2條、25號繡線、寬1cm布標、木夾2個、5/0號鉤針
※也可以布或蕾絲帶縫製口袋。

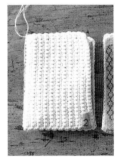

閣上的菜單套貌。若覺得外層的編織太難，可改以厚布取代，作法相同。

4. 整理

裝飾帶（正面）
0.5
2.5
木夾
縫上裝飾帶
打結
⑤摺疊內層的縫份，以藏針縫縫合於外層。
外層（背面）
④縫上木夾。
內層（正面）
①縫上布標。
袋口 0.8
平針繡（2股）
口袋（正面）
0.3 0.3
0.5
⑥繫綁兩條短麻線（各約30cm）
②縫上口袋。

編織圖記號
鎖針3目的短針凸編（picot）
短針 ×
鎖針 ○

2. 縫製內層
1.3
7
外緣繡上喜歡的花樣
0.3
10
十字繡（2股）（正面）
13
1.7
19

3. 縫製口袋・裝飾
裝飾
0XXXXXXXXXX 2段（約0.8）
鎖針12針（約6）
口袋
短針
約14 5.6段
鎖針14針（約7）

1. 縫製外層
鎖針28針 約14
短針
50段 約20
②摺疊四邊的縫份，以藏針縫縫上布標。
外層（正面）
十字繡（2股）
正面
15
1.2
0.5

※單位cm

零食袋

神奈川縣／山之內薰

圖片中展示的可不是雜貨店的一角，而是家中架上剛包裝好的手作零食袋。當成禮物送人也很漂亮喔！選用的亞麻經過特殊加工補強，使其更為堅固。

米材料 laminate加工亞麻布50×35cm、印花亞麻布50×15cm、駝色格紋布（墊布用）20×5cm、寬2cm蕾絲50cm、寬1cm的麻帶85cm

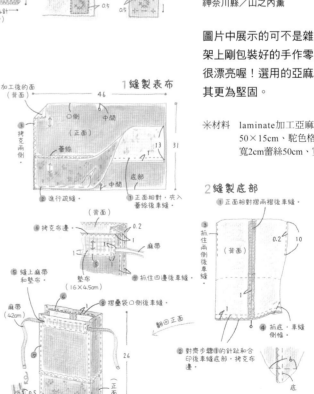

1. 縫製表布
加工後的面（背面）
46
口側
中間
正面
蕾絲
底部
③拷克兩側
13
31
中間
②進行疏縫
①正面相對，夾入蕾絲後車縫

2. 縫製底部
①正面相對摺兩褶後車縫
③抓住兩側後車縫
（背面）
0.2 10
⑥拷克布邊
0.2
⑤縫上麻帶和墊布
麻帶
墊布（16×4.5cm）
⑦抓住四邊後車縫
⑧摺疊袋口側後車縫
麻帶（42cm）
翻回正面
④抓底，車縫側幅
②對齊步驟①的針趾和合印後車縫底部，拷克布邊
26
底
摺疊袋口後車縫
0.5
16 6
※單位cm

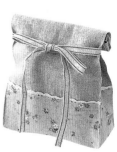

繫上麻繩，就裝扮完畢啦！

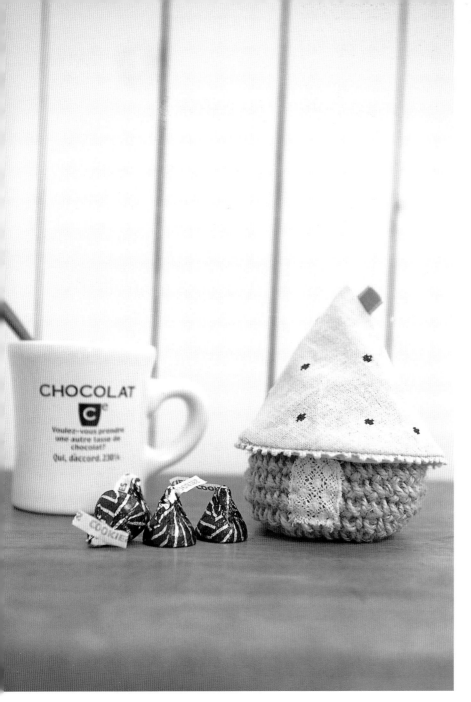

亞麻・刺繡・鉤織的完美組合

屋型置物盒

大阪府／淺田惠津子

除了鑰匙、小飾品，還可用來盛裝下午茶時間的巧克力及小糖果。亞麻材質的屋頂加入刺繡帶出可愛風；蕾絲作成的窗戶也值得好好欣賞一番喔！

使用麻繩，以短針鉤織的房子底座，十分堅固。邊緣以逆短針綴入碎布。

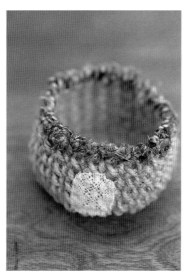

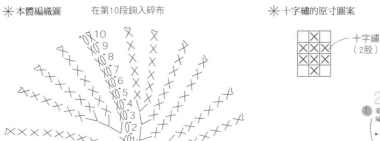

※ 本體編織圖　　在第10段鉤入碎布

※ 十字繡的原寸圖案

十字繡
（2股）

◯ 鎖針　　● 引拔針　　✕ 短針

✕ 逆短針　　✕ 短針2針一起

※材料　駝色亞麻布（表布用）・花形印花布（裡布用）各20×15cm、茶色圓點印花布（碎布條用）、寬1cm麻布帶4cm、寬1cm的麻蕾絲30cm、寬2cm蕾絲3cm、25號繡線、麻繩、8/0號鉤針

※ 原寸紙型 A面

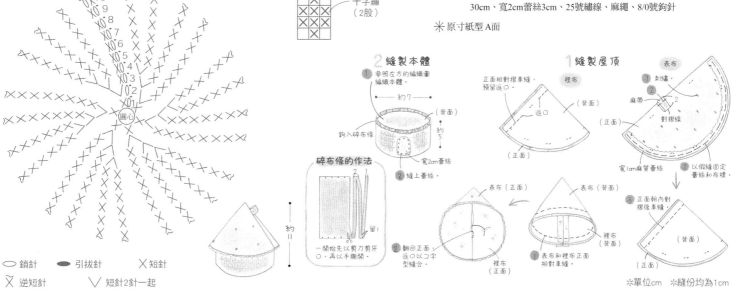

2 縫製本體

① 參照左方的編織圖編織本體。

②縫上蕾絲。

碎布條的作法

1 縫製屋頂

正面相對摺車縫，預留返口。

①刺繡

②以假縫固定蕾絲和布標

表布和裡布正面相對車縫

※單位cm　※縫份均為1cm

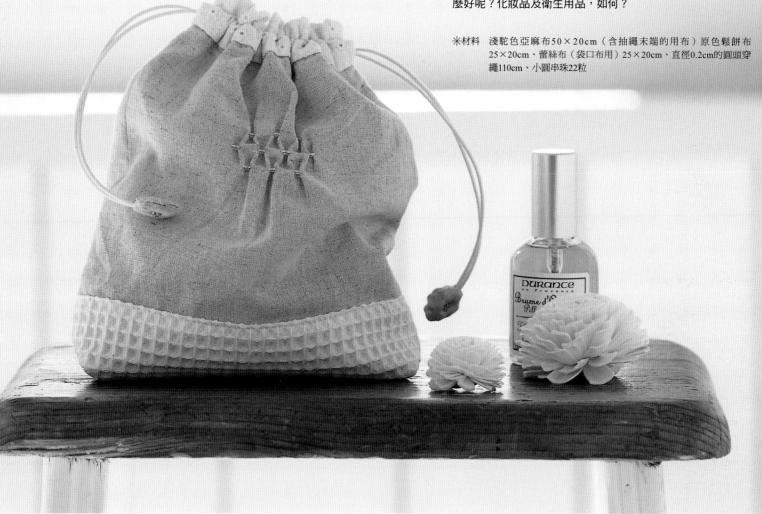

褶飾款萬用包

兵庫縣／岡林琉璃

這款作品是亞麻與白色鬆餅布的組合。因包款無多餘的設計，所以費點功夫縫出的褶飾，立即成了目光的焦點。記下此技法，可應用到其他的手作品上。這充滿潔淨感的包包，收納什麼好呢？化妝品及衛生用品，如何？

※材料　淺駝色亞麻布50×20cm（含抽繩末端的用布）原色鬆餅布25×20cm、蕾絲布（袋口布用）25×20cm、直徑0.2cm的圓頭穿繩110cm、小圓串珠22粒

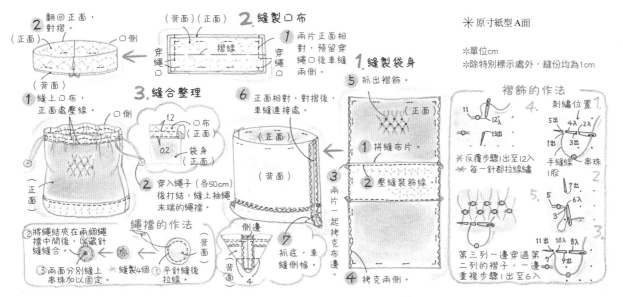

※ 原寸紙型A面

※單位cm
※除特別標示處外，縫份均為1cm

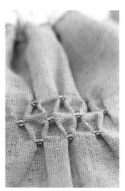

串珠穿入線中。一照射到陽光就會閃閃發亮。

將小收納袋掛在購物袋的提把上一起使用。

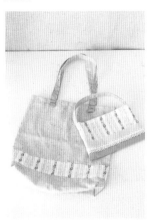

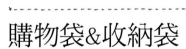

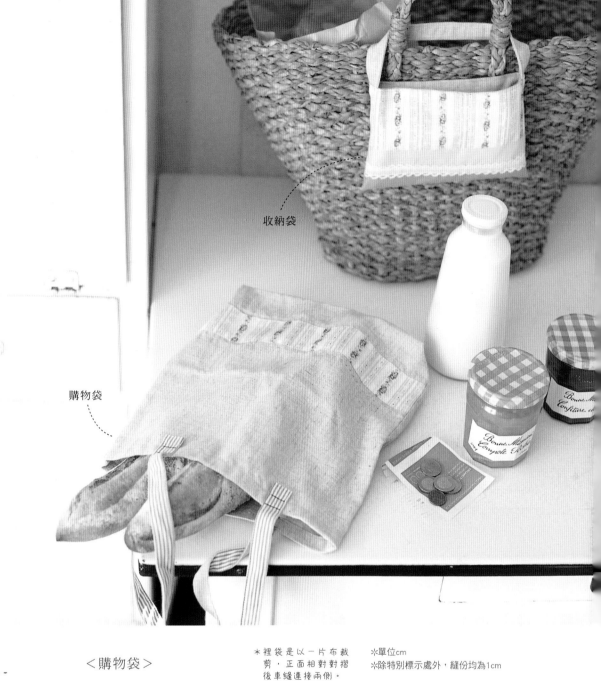

收納袋

購物袋

購物袋&收納袋

東京都／菊池志保

不做作的造型，低調的花色這款亞麻包，能讓肌膚與眼睛同享溫柔。十分適合購物、散步等近處活動時使用。就算每天提也不會膩！而且耐用又耐洗！

米材料 ＜購物袋＞亞麻布（本體及提把內面）40×75cm、提把用布、貼布繡用布、25號繡線
＜收納袋＞亞麻布（裡布・提把用）30cm的正方形、拼布用布、寬2cm蕾絲25cm

＊裡袋是以一片布裁剪，正面相對對摺後車縫連接兩側。

※單位cm
※除特別標示處外，縫份均為1cm

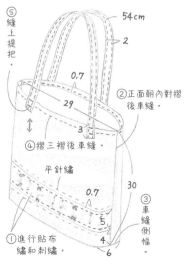

＜購物袋＞

⑤縫上提把。
54cm
2
0.7
29
3
④摺三褶後車縫。
平針繡
0.7
30
①進行貼布繡和刺繡。
②正面朝內對摺後車縫。
③車縫側幅
5
4
6

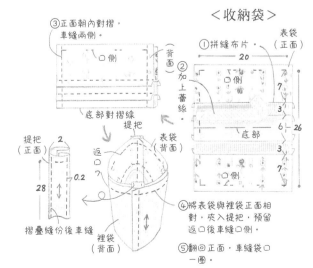

＜收納袋＞

③正面朝內對摺，車縫兩側。
口側
背面
底部對摺線
提把
①拼縫布片。
表袋（正面）
②加上蕾絲
20
口側
7
3
底部
6
26
3
口側
7
②正面朝內對摺後車縫
提把（正面）
2
28
0.2
摺疊縫份後車縫
裡袋（背面）
返口
表袋背面
口側
④將表袋與裡袋正面相對，夾入提把車縫口側，預留返口車縫口側。
⑤翻回正面，車縫袋口一圈。

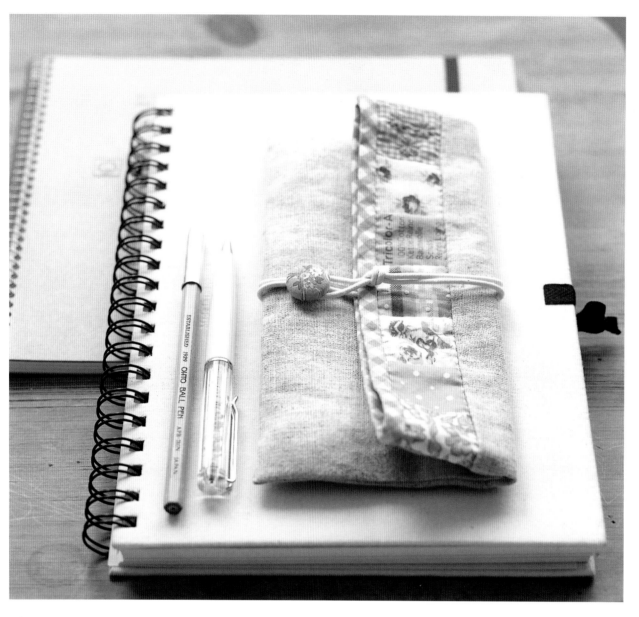

1 縫製表布

① 拼縫印花布片。

② 縫接亞麻布與印花布。

‹21›

‹3› 3

摺線 2

2 縫合整理

表布（正面）

表布（正面）

1.5

口側

① 分別縫合表布和裡布側邊。

裡布（背面）★除口側的縫份，裁成同表布的尺寸。

表布（正面）

10 27

15

底部

底部

底部

打結 3.5

繩子

③ 進行落針壓縫。

摺線

⑤ 縫上包釦

2

‹2›

‹2›
2 ‹0.5› 墊布

④ 縫上繩環，疊上墊布後以藏針縫縫合。

裡布（正面）

落針壓縫

0.8

表布（正面）

② 表布和裡布背面相對疊放後，摺疊裡布的口側以藏針縫縫合。

※單位cm

※除特別標示處外，縫份均為0.8cm

隨性筆袋

千葉縣／西澤裕子

乍看普普通通的亞麻袋子，卻因袋口的方型印花布打破平凡，變得帥氣有型。直線排列的方布塊（四角拼布請參閱P.36），塑造百分百的清爽怡人氛圍。

米材料　駝色亞麻布（表布用）25×30cm、黃綠色格紋布（裡布用）40cm的正方形、各種拼布布片及包釦用布、直徑0.2cm的蠟繩、直徑1.9cm的包釦1顆

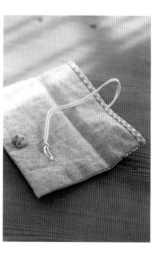

以繩子捲起後即收覆包口，可省下縫製拉鍊的麻煩程序。除筆外，也可用來收納其他物品，方便又好用。

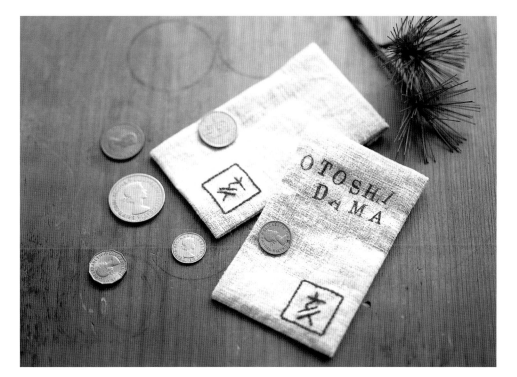

日式紅包袋

埼玉縣／鈴木朱美

袋內裝滿了對孩子的愛！雖然新年已經過去，拿來收放一些抽屜中的小東西也很實用。當然，當作零錢袋也很棒喔！

米材料　＜1個＞駝色亞麻布10×30cm、直徑0.5cm的押釦1組、25號繡線

米原寸刺繡圖案

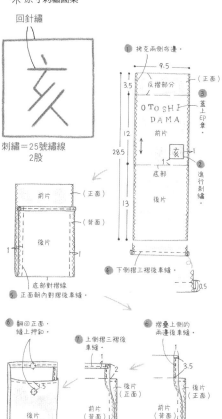

回針繡

亥

刺繡＝25號繡線
2股

① 拷克兩側布邊。

9.5
3.5
反摺部分　（正面）
OTOSHI DAMA
前片
12
28.5
底部
後片
13

③ 蓋上印章。
② 進行刺繡。
亥 1
1

④ 下側摺三褶後車縫。
0.5

前片（正面）
後片（背面）
底部對摺線
⑤ 正面朝內對摺後車縫。

⑧ 翻回正面，縫上押釦。
⑦ 上側摺三褶後車縫。
⑥ 摺疊上側的兩邊後車縫。

後片（正面）
3.5
2
前片（背面）
後片（正面）
前片（背面）

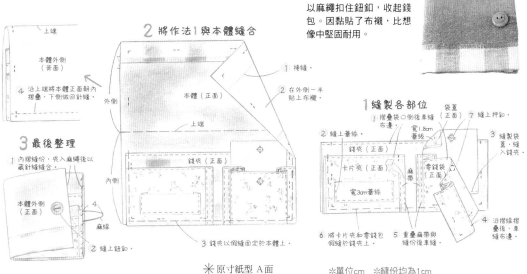

以麻繩扣住鈕釦，收起錢包。因黏貼了布襯，比想像中堅固耐用。

上端
本體外側（背面）
④ 沿上端將本體正面朝內摺疊，下側做回針縫。

2 將作法1與本體縫合
① 捲縫。
② 在外側一半貼上布襯。
本體（正面）
上端

3 最後整理
① 內摺縫份，夾入麻繩以藏針縫縫合。
外側
內側

本體外側（正面）
麻線
② 縫上鈕釦。

1 縫製各部位
① 摺疊袋口側後車縫。
袋蓋（正面）
袋蓋
⑦ 縫上押釦。
② 縫上蕾絲。
寬1.8cm蕾絲
錢夾（正面）
③ 縫製袋蓋，裝入錢夾。
卡片夾（正面）
零錢袋（正面）
麻帶
寬3cm蕾絲
③ 錢夾以假縫固定於本體上。
④ 沿摺線摺疊，車縫布邊。
⑥ 將卡片夾和零錢袋假縫於錢夾上。
⑤ 重疊麻帶與假縫縫份後車縫。

米原寸紙型 A面
*單位cm　*縫份均為1cm

扁平錢包

神奈川縣／中出令子

市售的錢包以皮製的居多，雖然是很漂亮，但總覺得和編織籃或布包包不夠對味的你，想不想動手作一個超搭的布錢包呢？

米材料　駝色亞麻布（本體用）、格紋布（本體、錢夾用）各30cm的正方形、花形印花布（卡片夾、零錢袋用）35×20cm、淺駝色亞麻布（袋蓋用）15×25cm、布襯25×15cm、寬3cm蕾絲、寬1.8cm蕾絲各15cm、寬1cm麻帶20cm、麻線、直徑1.9cm鈕釦1顆、直徑0.8cm押釦1組

裁縫盒

埼玉縣／小林薰

這款作品有類似咖啡罐的圓滾滾造型，看似簡單，其實隱藏不少好用的配置喔！如側面的口袋，當盒子不小心倒下時，還可看到底部的重點刺繡，讓人不禁會心一笑。

米材料　駝色亞麻布（表布用）‧靛藍格紋布（裡布用）各55cm的正方形、灰色毛氈布（針插用）15cm的正方形、棉襯50×40cm、布襯55×45cm、25號繡線、棉花

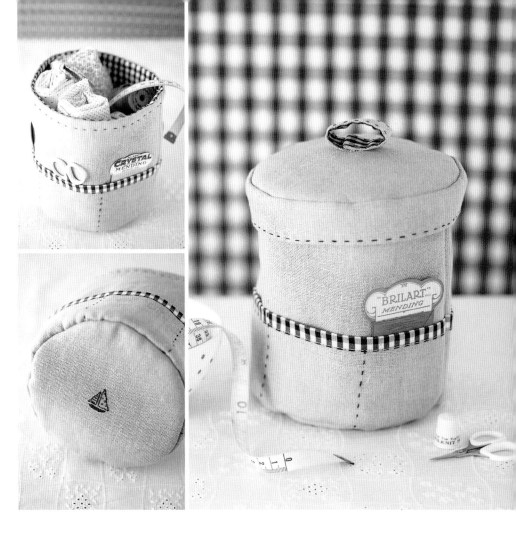

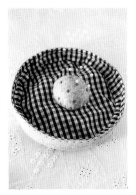

盒蓋內有機關喔！
原來是球狀的針插。

---

2 縫合側面與底部

1 底部黏貼布襯後繡上喜歡的圖案，再加上棉襯。

2 側面車縫成輪狀後與底部縫合。

底部
表布（正面）

14

側面（背面）

棉襯

2

底部（背面）

側面裡布（背面）

3 側面的裡布車縫成輪狀後與底部縫合。
❀ 裡布和表布裁成同尺寸

3 底部裡布（背面）

針插（正面）

底部（正面）直徑4.5cm

盒蓋裡布（正面）

4 底部進行毛邊繡，縫至盒蓋內裡上方。

---

1 製作口袋，車縫於側面

棉襯（袋口側裁剪）

46

3 側面黏貼布襯。

側面表布（正面）

1 口袋的表布和裡布背面相對車縫，裡布反摺。

15

7

5 以平針繡製作隔層。

口袋的表布（正面）

2 車縫邊處

4 口袋假縫固定於貼上棉襯的側面上。

口袋裡布（背面）

※單位cm
※除特別標示處外，縫份均為1cm

---

4 縫製握環

10

0.2

1

1

裡布（背面）

表布（正面）

1 平針繡

盒蓋（正面）

2 縫至盒蓋上。

---

5 縫製針插，再縫於盒蓋上

1 緞面繡

針插（正面）

0.4

10

0.2

棉花

針插（正面）

3 塞入棉花後拉緊縫線。

2 平針縫

---

5 進行平針繡
表側面（正面）

裡布（正面）

口袋

4 疊合表布、裡布，以藏針縫縫合袋口一圈。

---

5 表布和裡布縫份處以藏針縫縫合。

6 藏針縫

盒蓋裡布（正面）

0.2

盒蓋表布（正面）

7 平針繡

---

3 縫製盒蓋

1 黏貼布襯。

上面
表布（背面）

15

側面表布（背面）

50

3

3 疊上棉襯與步驟2側面車縫成輪狀

棉襯

上面表布（背面）

側面表布（背面）

2 捲成輪狀縫合。

盒蓋裡布（背面）

4 裡布的側面車縫成輪狀，再與蓋上縫合。

側面裡布（背面）

4

❀ 裡布、表布裁成同尺寸

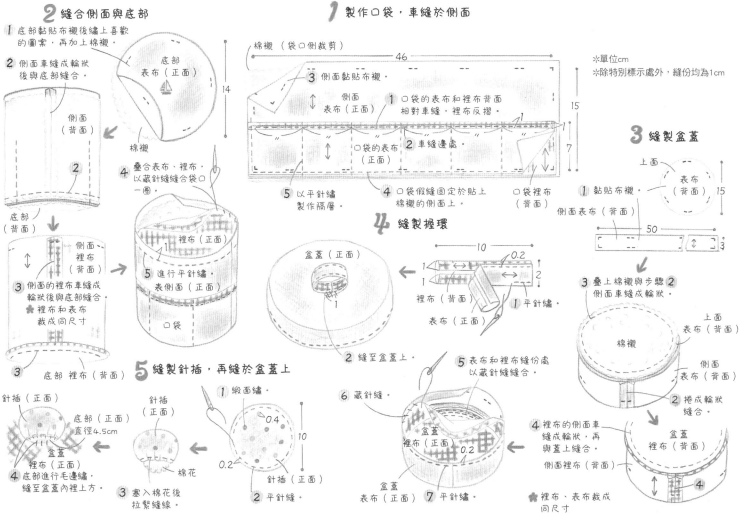

繡花箱

兵庫縣／岡林琉璃

柔軟觸感來自夾在表布和裡布之間的棉襯。裡面有隔層，可用來溫柔守護容易損壞的箸置或文具等。開滿小花的蓋子，讓人不易從外觀看出用途，其實是實用性極高的收納盒。

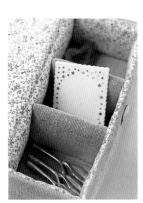
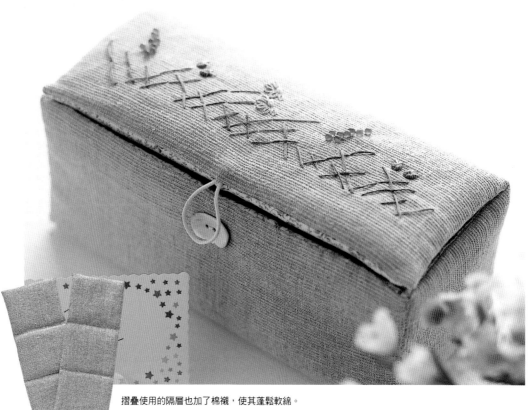

可依收納品調整內部隔層大小。

摺疊使用的隔層也加了棉襯，使其蓬鬆軟綿。

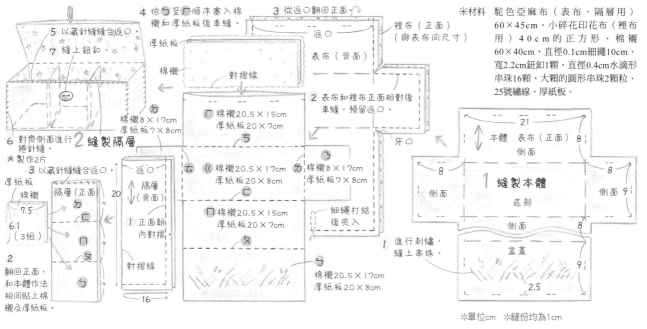

※材料 駝色亞麻布（表布・隔層用）60×45cm、小碎花印花布（裡布用）40cm的正方形、棉襯60×40cm、直徑0.1cm細繩10cm、寬2.2cm鈕釦1顆、直徑0.4cm水滴形串珠16顆、大顆的圓形串珠2顆粒、25號繡線、厚紙板。

4 依ㄅ至ㄇ順序塞入棉襯和厚紙板後車縫。

5 以藏針縫縫合返口。

7 縫上鈕釦。

厚紙板

棉襯

對摺線

棉襯8×17cm
厚紙板7×8cm

6 對齊側面進行捲針縫。

2 縫製隔層

★製作2片

3 以藏針縫縫合返口。

厚紙板
棉襯
隔層（正面）

7.5
6.1
（3組）

2
翻回正面，和本體作法相同貼上棉襯及厚紙板。

隔層（正面）ㄆ
隔層（背面）

返口

1 正面朝內對摺

對摺線

20

16

3 從返口翻回正面。

裡布（正面）（與表布同尺寸）

返口

表布（背面）

2 表布和裡布正面相對後車縫，預留返口。

ㄇ 棉襯20.5×15cm
厚紙板20×7cm

ㄊ 棉襯20.5×17cm
厚紙板20×8cm

ㄍ 棉襯8×17cm
厚紙板7×8cm

ㄈ 棉襯20.5×15cm
厚紙板20×7cm

牙口

細繩打結後夾入

1 進行刺繡，縫上串珠。

棉襯20.5×17cm
厚紙板20×8cm

1 縫製本體

21

本體 表布（正面）

側面 8

8

側面

側面 9

底部

側面 8

盒蓋

9

2.5

※單位cm ※縫份均為1cm

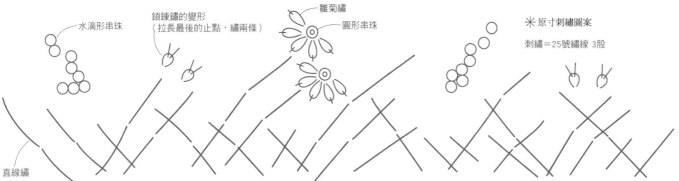

水滴形串珠

鎖鍊繡的變形（拉長最後的止點，繡兩條）

雛菊繡

圓形串珠

※ 原寸刺繡圖案

刺繡＝25號繡線 3股

直線繡

結合亞麻與棉襯，塑造立體感。

室內鞋

神奈川縣／川島千登勢

踩後腳跟的款式，正適合在家穿著，讓腳丫子放輕鬆。底部選用顏色低調的格紋布，與駝色亞麻十分相稱。

※材料　駝色亞麻布60cm的正方形、綠色格紋布（底部的裡布用）、厚棉襯各30cm的正方形、布襯50×30cm、直徑0.8cm鈕釦6顆

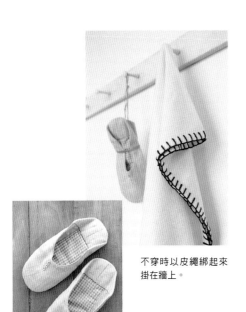

不穿時以皮繩綁起來掛在牆上。

彷彿聽見叭嗒叭嗒、窸窸窣窣的走路聲了嗎？

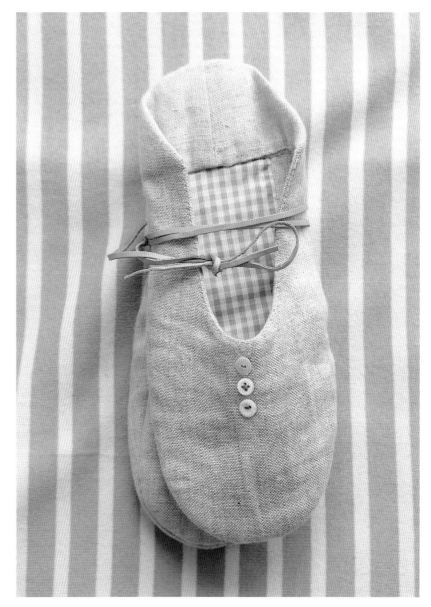

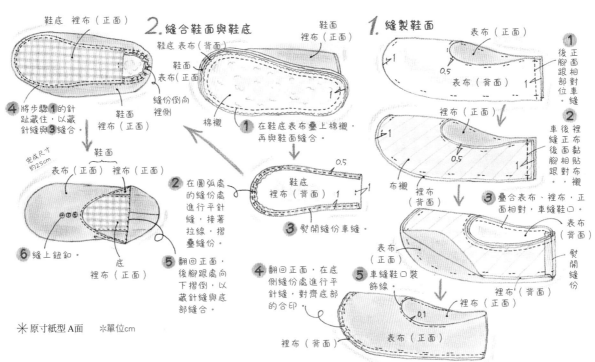

2. 縫合鞋面與鞋底

鞋底 裡布（正面）

鞋底 表布（背面）

鞋面 表布（正面）

鞋面 表布（正面）

縫份倒向裡側

棉襯

① 在鞋底表布疊上棉襯，再與鞋面縫合。

鞋面 裡布（正面）

④ 將步驟①的針趾藏住，以藏針縫與③縫合。

鞋底 裡布（背面）

0.5

③ 熨開縫份車縫。

完成尺寸約25cm

鞋面 表布（正面）　裡布（正面）

② 在圓弧處的縫合處進行平針縫，接著拉線，摺疊縫份。

底 裡布（正面）

⑥ 縫上鈕釦。

⑤ 翻回正面，後腳跟處向下摺倒，以藏針縫與底部縫合。

鞋面 裡布（正面）

④ 翻回正面，在底側縫份處進行平針縫，對齊底部的合印。

裡布（背面）

0.1

表布（正面）

1. 縫製鞋面

鞋面 裡布（正面）

表布（正面）

① 正面相對車縫

1

0.5

表布（背面）　1

後腳跟部位。

裡布（正面）

1

0.5

1

② 車縫後裡布黏貼布襯後，正面相對後腳跟對布襯。

布襯　裡布（背面）

③ 疊合表布、裡布，正面相對，車縫鞋口。

表布（背面）

表布（正面）

熨開縫份

裡布（背面）

⑤ 車縫鞋口裝飾線。

裡布（正面）

表布（正面）

※原寸紙型 A面　　※單位cm

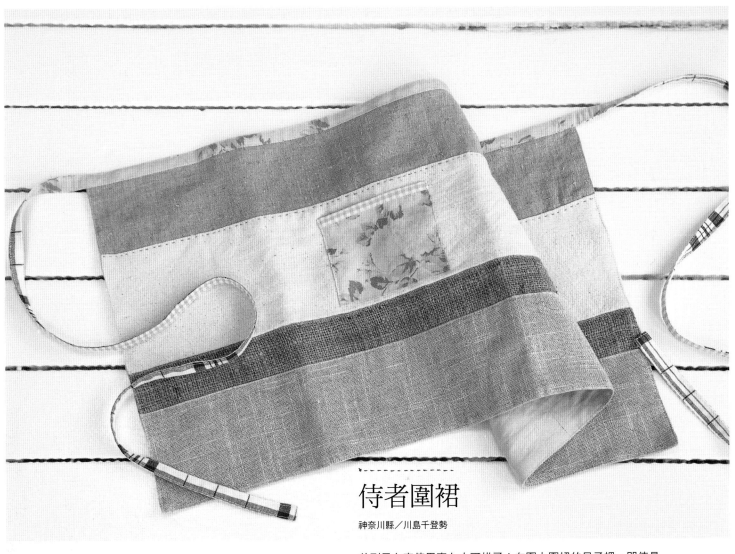

侍者圍裙

神奈川縣／川島千登勢

美到只在家使用實在太可惜了！在圍上圍裙的日子裡，即使是一杯茶，也要小心翼翼的泡出好喝的味道。不但越洗越有光澤，線的觸感也越來越柔軟。雖說是零碼布，其實尺寸頗大，但因為太可愛了，不要僅是看看，快動手試試吧！

※材料 亞麻布四種・花朵圖案印花布各85×15cm、薄亞麻布（裡布用）85×40cm、藍色格紋布135×10cm、淺藍格紋布75×15cm、25號繡線

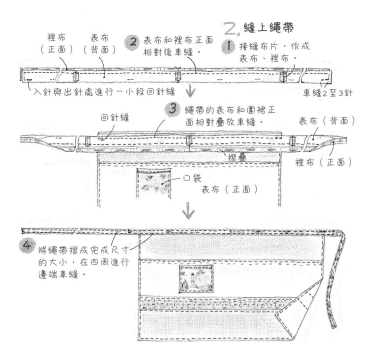

2. 縫上繩帶

裡布（正面）　表布（背面）

② 表布和裡布正面相對後車縫。

入針與出針處進行一小段回針縫

車縫2至3針

回針縫

③ 繩帶的表布和圍裙正面相對疊放車縫。

表布（背面）

摺疊

裡布（正面）

口袋
表布（正面）

④ 將繩帶摺成完成尺寸的大小，在四周進行邊端車縫。

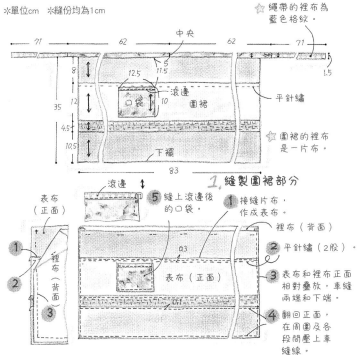

※單位cm　※縫份均為1cm

☆繩帶的裡布為藍色格紋。

中央

71　62　62　71

8
5
12.5
11.5
滾邊
12
口袋
10
圍裙
35

平針繡

4.5
10.5
下襬

☆圍裙的裡布是一片布。

83

① 接縫布片，作成表布。

滾邊

表布（正面）

⑤ 縫上滾邊後的口袋。

1. 縫製圍裙部分

裡布（背面）

② 平針繡（2股）。

0.3

表布（正面）

裡布（背面）

③ 表布和裡布正面相對疊放，車縫兩端和下端。

④ 翻回正面，在周圍及各段間壓上車縫線。

一針一線重現童話故事，鑽入夢幻世界中。

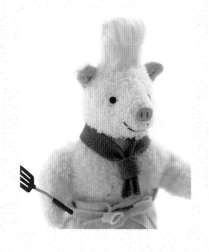

小夫在猶豫中烘烤了南瓜風味的馬芬。戴著純白廚師帽的他，帥呆了！

小夫做了什麼呢？

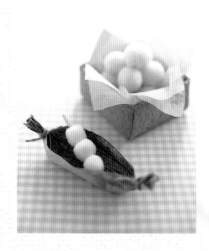

三隻小豬的甜點大對決！

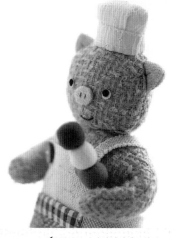

小布製作的月見團子！

在練習中不斷地試味道，始終無法下定奪。最後端出來的團子，你覺得如何？

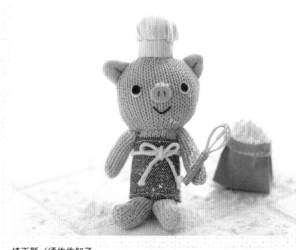

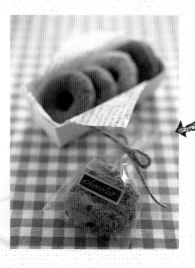

小助挑戰的甜甜圈！

小助的甜甜圈裡塞滿美味的鬆軟栗子。裝在可愛的盒子裡，完全像是出自甜點師父之手！

埼玉縣／須佐佐知子

縫製一些這可為生活增添色彩的實用小物固然不錯，但偶爾抽離實用性，也別有一番趣味。現在就來欣賞須佐小姐創作的夢幻世界。

小夫、小布和小助是三隻健康活潑的小豬。有一天，三兄弟為追上有著一身好廚藝的甜點師父老爸，決定以舉行一場甜點比賽。三人為了要端出什麼看家本領而絞盡了腦汁。

小布決定做月見團子（譯注：指日本中秋賞月時吃的湯圓）。因感冒而不停打噴嚏、似乎失去味覺的小助，最後敲定以甜甜圈應戰。至於連睡覺都在思考要如何組合食材的小夫，則選擇以南瓜馬芬來一決高下。

以上圖片就是當天比賽的情景。結果三人打成平手，以「辛苦製作的糕點，能夠被大家稱讚好吃，真是太幸運了！」為比賽畫下句點。

富故事性的手作題材，是不是讓你也蠢蠢欲動呢？

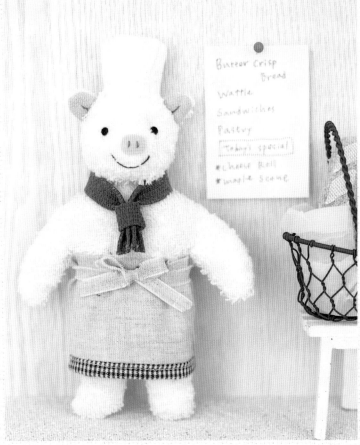

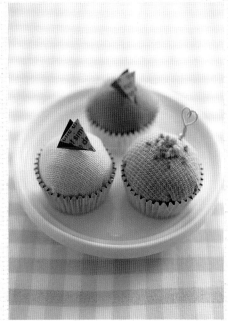

小夫穿上侍者圍裙，充滿幹勁地現身廚房。身體的部分以毛巾布製作，展現豬寶寶蓬鬆、柔軟的模樣。馬芬則由棉布及粗呢布縫成，傳遞穩重感。

小夫和小夫烘烤的鬆軟馬芬

左邊那個是南瓜風味的吧！略帶黃色，嘗起來應該又鬆又甜。上層灑上巧克力及堅果粒，美味加倍！

米材料　〈小夫〉原色毛巾（頭、身體及外耳）35×25cm、粉紅磨毛針織布（內耳·鼻）10cm的正方形、圍裙用布30×10cm、廚師帽用布15×10cm、領帶用布25×3cm、滾邊用布25×15cm、薄不織布（白·黑·粉紅）、直徑0.9cm的鐵絲、棉花

米 小夫的原寸紙型A面

※單位cm　※縫份均為0.5cm

〈馬芬〉

米材料　〈1個〉駝色棉布10cm的正方形、直徑0.9mm的鐵絲、呢絨布、甜點用杯子、棉花

※馬芬裁成直徑7.5cm的圓

3 內摺縫份，再以縫線固定並拉緊，作成球狀。

1 以兩股線進行平針縫。

2 拉線，塞飽棉花後打上終縫結。

將呢絨布裁成碎片，黏上接著劑。

4 塗上接著劑，放入步驟3。

叉子
2.5
1.5

叉子

直徑0.9mm的鐵絲（10cm）

0.8

1 以錐子等繞線圈作出造型。

1.8

2 作成心型，纏繞單邊鐵絲後剪斷。

縫製身體

2 翻回正面，塞入棉花後縫合返口。

1 兩片正面相對，預留返口。

以棉花包住鐵絲後塞入

（背面）

（正面）

牙口

4 從正面壓上車縫線。

A（正面）
B（背面）
（背面）
（正面）

2 車縫下側

5 車縫外圍，翻回正面。

廚師帽

1 抓出橫褶後進行疏縫。

3 正面相對車縫。

A（正面）

不織布

磨毛針織布（T恤材料）

直線繡

最後整理

4 廚師帽內塞入棉花，縫合四周加以固定。

3 圍上領帶，手縫固定於身體。

2 圍裙處縫繞一圈（0.6×28cm）綁繩後打個結。後側中間縫上一針加以固定。

1 環繞脖子一圈，頭部與身體縫合固定。

後側　黏貼

A
B

全長約16cm

〈小夫〉

1 縫製耳朵

內耳（正面）

2 刺繡

1 正面相對車縫，翻回正面。

外耳（正面）
內耳（背面）
返口

2 縫製頭部

3 兩片正面相對，預留返口後車縫。

2 縫製橫褶

1 車縫固定耳朵

（正面）
（背面）
返口
（正面）

從側面看的樣子

5 裝眼睛的位置以縫線，縫出內凹狀。

4出　3入
5出　2出
6出　1入

4 翻回正面，塞入棉花後縫合返口。

6 以接著劑黏貼眼睛和鼻子。

7 繡出嘴巴。

直線繡，以接著劑黏固定。

領帶

A
17
B
4.5

摺三褶以接著劑黏合

（正面）
滾邊布
1.5（背面）

圍裙

2 中央後車縫

1 滾邊

（正面）
（背面）

又 從正面上端和後片車縫。

※圍裙的完成尺寸為5.5×19cm

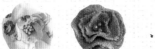

布花人氣當紅！可愛度不亞於自然花。

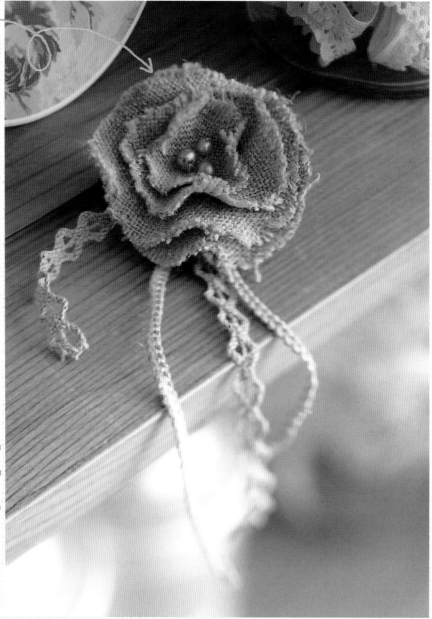

鹿兒島縣／畦地瞳

＋ **亞麻胸花**

利用裁縫衣服剩餘的布料，縫製胸花。
將裁成圓形的布片由大至小往上疊放，
作成一片片花瓣。
再點綴上珍珠串珠及麻質蕾絲，
隱約散發羅曼蒂克的氣氛。

※材料　亞麻布15cm的正方形、寬0.9cm的
麻質蕾絲25cm、寬0.4cm的織帶
30cm、珍珠串珠、長4cm的別針

※直接剪裁

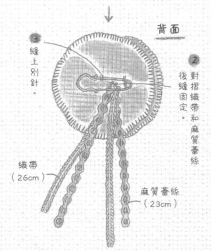

正面

直徑0.6cm的珍珠串珠
抽拉周圍的縫線，抓出流蘇邊
大（直徑6cm）
直徑0.4cm的珍珠串珠
直徑0.5cm的珍珠串珠
中（直徑4cm）
小（直徑3cm）

1 重疊大・中・小的布片並製造出平衡感，再以手縫固定珍珠。

↓

背面

3 縫上別針。
2 對摺織帶和麻質蕾絲後縫固定。
織帶（26cm）
麻質蕾絲（23cm）

✳ 完成尺寸長約16cm

在不久前，手工縫製布花還是件費時費工的事。先得將布染成自然色，接著裁剪成以公釐為單位的細小花瓣及葉子，相互組合出花形，最後再固定到鐵絲作成的莖幹上……實際操作過程，比上述的還更加繁瑣。

也許是拜胸花流行之賜，變得能藉由更簡易的方法製作出手作布花，因此愛玩手作布花的人也越來越多了。加上亞麻風潮的助陣，隨處可見散發自然色彩的布花。

胸前別上一朵布花，美麗不在話下，還可以裝飾在包包的提把上，或加上鐵絲裝飾在窗簾的纓穗上。布花有著各種的可能性喔！

神奈川縣／川島千登勢

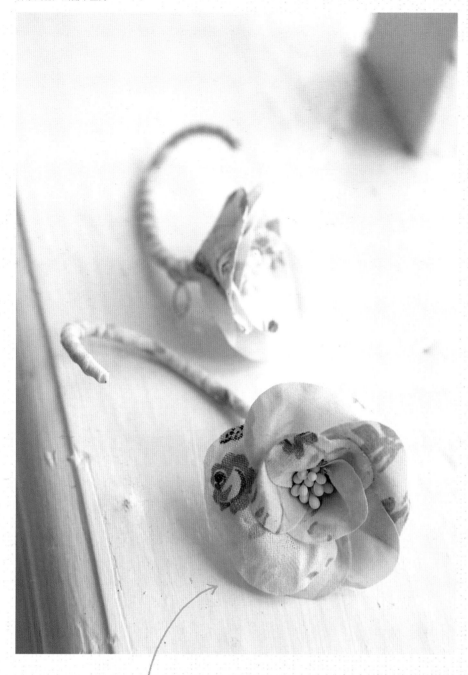

米材料　<1朵>花形印花布四種各10cm的正方形、寬0.8cm的碎布60cm、直徑2.2mm的鋁鐵絲、24號鐵絲、木工用接著劑、白色花芯。

2　木工用接著劑（2小匙）加水（100cc）稀釋，以刷子塗在布料背面。

1. 製作花瓣

① 準備四種印花布。

（背面）

10cm正方形

③ 待布乾掉後，再剪下花瓣。

④ 在布料背面處以熨斗尖端燙出圓弧形。

小

大

2. 製作花芯

① 取7根花芯於中間處以鋁鐵絲繫住。

12

② 對摺花芯後，以鐵絲固定。

纏捲24號鐵絲

鋁鐵絲

3. 最後整理

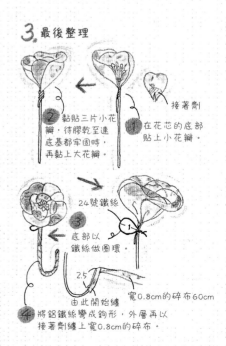

① 在花芯的底部貼上小花瓣。

接著劑

② 黏貼三片小花瓣，待膠乾至連底基都牢固時，再黏上大花瓣。

③ 底部以鐵絲做圈環。

24號鐵絲

2.5

由此開始纏

寬0.8cm的碎布60cm

④ 將鋁鐵絲彎成鉤形，外層再以接著劑纏上寬0.8cm的碎布。

✚ 玫瑰掛鉤

層層疊疊的優雅花形，讓人一見就喜歡！
在裁剪棉質印花布前，先塗上一層接著劑使其變硬；
接著以熨斗由背面燙出圓弧形……
經過如此細心處理，終於綻放出美麗花朵。

米原寸紙型

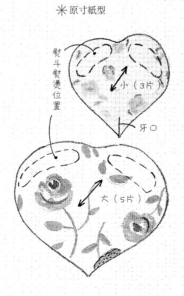

熨斗熨燙位置

小（3片）

牙口

大（5片）

給新手的拼布課

將沉睡在抽屜內許久的碎布集中後，就可以隨時隨地動手玩拼布。
一針一線認真拼縫，一旦領略箇中樂趣，你也會愛上！

SQUARE PATTERN

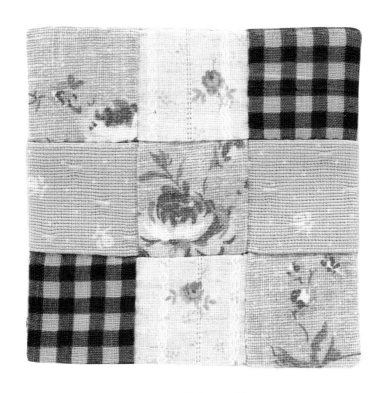

最基礎的技法，潛藏無限可能！

※四角拼布圖案

照片為原寸。布片的原寸紙型在A面。

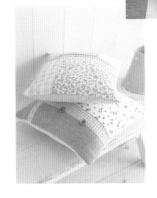

上圖為P.44的布書衣作品。嚴格說起來並不是四角圖案，而是用長方形及帶狀形的碎布隨機拼縫的。左圖是P.41的小靠枕，也屬於變化形。總之，只要有方形布塊，就可以隨時端出作品。

拼布，是美國拓荒時代，缺乏物資的人們為生存而發展出的一項生活智慧。婦女們將手邊的碎布一針一線地拼接起來，為家人縫製衣服或日用小物，就這樣揭開拼布的序幕。不如我們也一邊回想當時的情景，一邊動手做做看吧！

首先，來學作拼布中最基礎的四角圖案。如圖只拼縫正方形布片，就可以創造出數量驚人的作品；當然也可以像右邊的照片，加入長方形的組合。

製作・指導／須長幸子

＊為便於解說，改變部分縫線的顏色，
　實際製作時請依布料色澤挑選縫線顏色。

利用5cm的正方形碎布試看看！

由九片拼布接縫的作品稱為「九宮格」。
可隨選用的花色，拼玩出多變的風格。

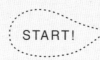

START!

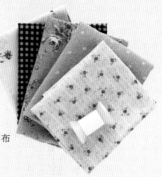

米材料　拼布用布四種、裡布
15cm的正方形、縫線

接縫拼布

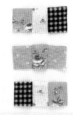

1 依紙型畫上0.7cm的縫份，裁剪出九片布片。

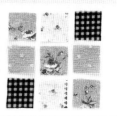

2 兩片布片正面相對，珠針垂直插在縫份線上。

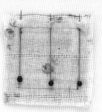

3 按照縫份線縫製。起針處和收針處均進行一針回針縫。

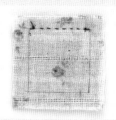

4 再縫接一片布片，完成第一列的圖案。縫份倒向外側。

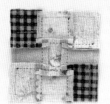

5 依同樣方式拼縫第二、三列。第二列的縫份倒向內側，第三列縫份倒向外側。

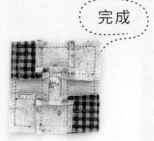

6 第一列與第二列正面相對，縫份線處插入珠針固定。

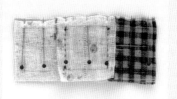

7 按著車縫縫份線（交叉點的縫法請參照圖示）。起針處和收針處均進行一針回針縫。

交叉點的縫法

剖面圖

交叉點　　　布

---

8 依同樣方式拼縫第二列和第三列。交叉點的縫份呈風車狀，讓重疊部分分布均勻，成品會較平整。九宮格就完成了喔！

完成

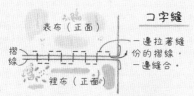

9 裡布為一片布，裁成和表布一樣大。與表布疊放，預留返口後正面相對縫合。

コ字縫

表布（正面）

摺線

裡布（正面）

一邊拉著縫份的摺線，一邊縫合。

GOAL!

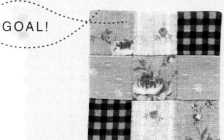

翻回正面，返口以コ字縫縫合（請參閱上方插圖）。

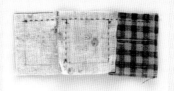

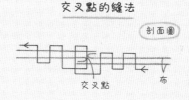

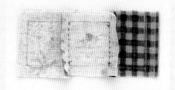

以四角拼布裝點一下，就變可愛了！

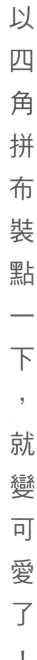

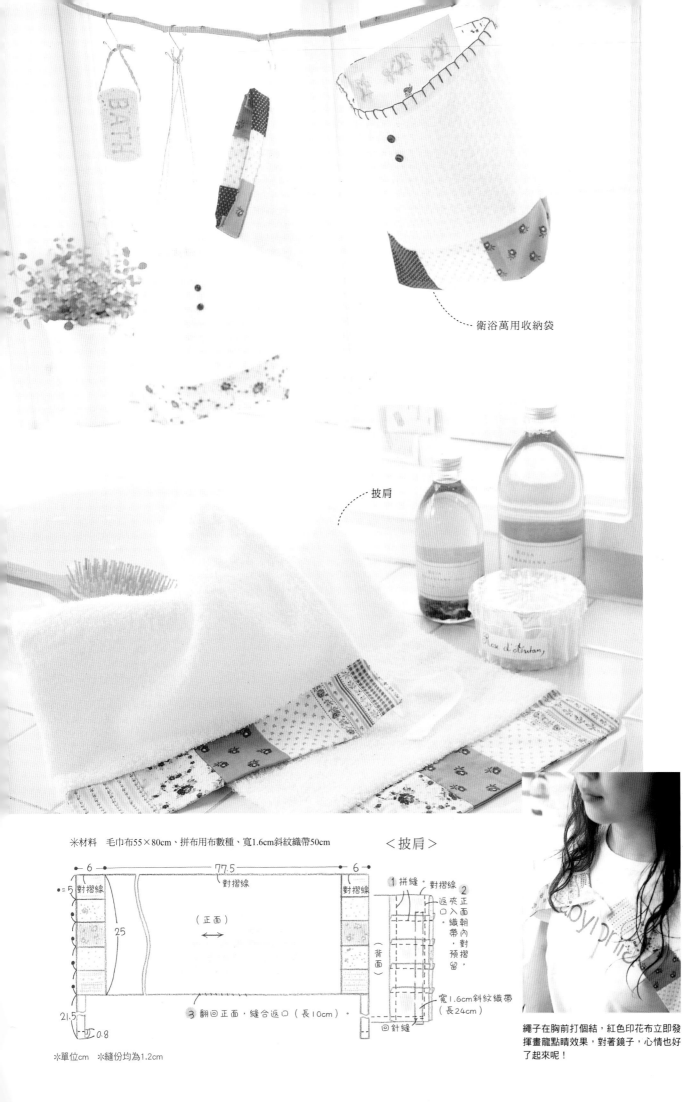

衛浴萬用收納袋

披肩

※材料　毛巾布55×80cm、拼布用布數種、寬1.6cm斜紋織帶50cm

＜披肩＞

├─ 6 ─┤├──────── 77.5 ────────┤├─ 6 ─┤

對摺線　　　　　　　　對摺線　　　　　　　　對摺線

（正面）
←→

（背面）

25

21.5
0.8

③ 翻回正面，縫合返口（長10cm）。

① 拼縫：對摺線
② 正面朝內對摺，夾入織帶，預留返口

寬1.6cm斜紋織帶（長24cm）

回針縫

※單位cm　※縫份均為1.2cm

繩子在胸前打個結，紅色印花布立即發揮畫龍點睛效果，對著鏡子，心情也好了起來呢！

38

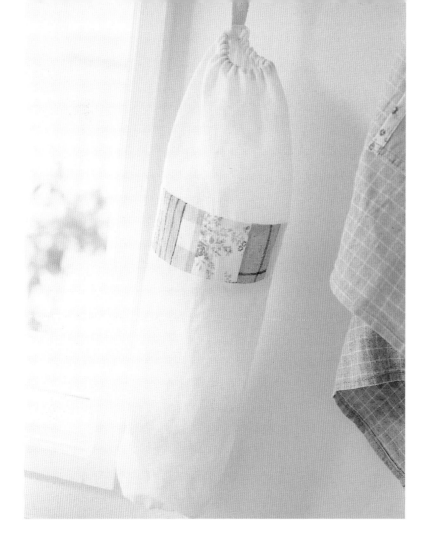

衛浴萬用收納袋＆披肩

東京都／二宮慶美

浴室的備用肥皂要放在哪裡呢？剛洗好的頭髮披在肩上覺得不舒服嗎？衛浴用品可以幫你解決這類困擾。兩款手作品都以散發清潔感的白色為基底色，再適度裝飾色彩明亮的四角拼布圖案。

＜衛浴萬用收納袋＞

※材料　鬆餅布25×40cm、拼布用布數種、寬1.6cm斜紋織帶25cm、直徑0.8cm押釦、鈕釦各2顆、25號繡線

※單位cm　※除特別標示處外，縫份均為0.7cm

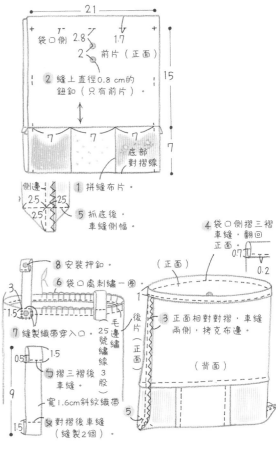

21

袋口側 2.8　1.7
2
前片（正面）

② 縫上直徑0.8cm的鈕釦（只有前片）。

15

7　7　7

底部對摺線

7

側邊
2.5　2.5
2.5

① 拼縫布片。

⑤ 抓底後，車縫側幅。

⑧ 安裝押釦。

⑥ 袋口處刺繡一圈。

⑦ 縫製織帶穿入口。

毛邊繡
25號繡線

④ 袋口側摺三褶車縫，翻回正面。
0.7　0.2

（正面）

後片（正面）

③ 正面相對對摺，車縫兩側，拷克布邊。

（背面）

⑤ 摺三褶後車縫
3股

寬1.6cm斜紋織帶

① 對摺後車縫（縫製2個）

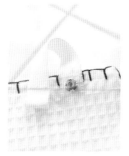

織帶的前端縫上押釦，方便隨處吊掛。

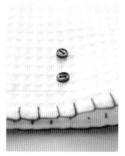

袋口邊緣進行毛邊繡。以紅色鈕釦裝飾，效果奇佳。

塑膠袋收納包

神奈川縣／高柳雪

在縫成圓筒狀的上下布端穿入鬆緊帶，內斂的色調，展現洗鍊氛圍。將它吊放在伸手可及的位置。其他如圍裙及餐巾等必要的廚房雜貨，也可以相同的作法縫製喔！

※材料　白色亞麻布35×50cm、拼布用布數種、寬1.3cm斜紋織帶25cm、寬0.7cm鬆緊帶40cm

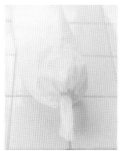

塑膠袋從上方裝入，下方抽取，方便又好用！

※除特別標示外，縫份均為0.7cm

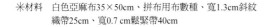

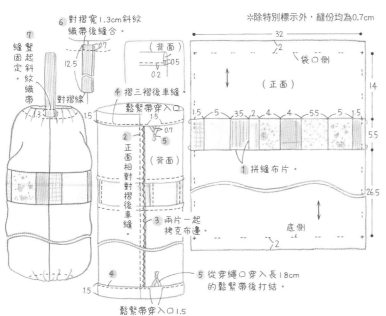

⑥ 對摺寬1.3cm斜紋織帶後縫合。
0.7
12.5

⑦ 縫豎起固定斜紋織帶

對摺線

1.3　1.5

④ 摺三褶後車縫　鬆緊帶穿入口
1.5　0.7

② 正面相對對摺後車縫

③ 兩片一起拷克布邊。

32
2
（背面）
0.5　0.2
袋口側
（正面）

↕

14

1.5　5　3.5　2　4　4　5.5　5　1.5

① 拼縫布片

5.5

（背面）

26.5

底側
2

⑤ 從穿繩口穿入長18cm的鬆緊帶後打結。

鬆緊帶穿入口1.5

39

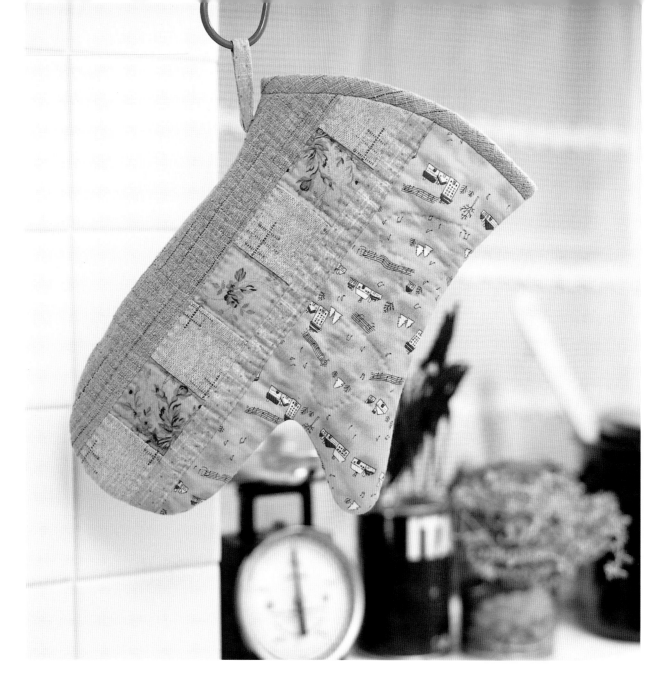

大大小小的碎布，任你隨意拼縫。

重疊棉襯和裡布，
進行壓縫。

②重疊棉襯和第二層
裡布後進行壓縫。

1 縫製手背和手掌部分

①縫接布片，
作成表布。

手掌

棉襯

表布
（正面）

裡布（背面）

棉襯

表布
正面

第二層裡布

手背

表布

吊環

摺四褶後車縫

2 最後整理

②剪掉針趾旁多餘
的襯棉。

牙口

①手背和手掌正
面相對，疊上
裡布後車縫。

裡布
（背面）

手背
表布
（正面）
手掌

手掌

⑥縫定吊環。

④縫上鈕釦。

裡布（正面）

⑤以寬3.5cm的
斜紋布滾邊。

③由裡布和第二層
裡布之間翻回正面。

④再翻回正
面。

隔熱手套

青森縣／秋田景子・成田弘子

四角拼布圖案裝飾於隔熱手套手背處，手掌部
分則不進行拼縫。以花朵和房子圖案布的搭
配，看似不搭調，但接縫後卻意外地協調。

米材料　拼布用布數種、滾邊布、吊環用布、手掌用布
（含布片部分）30cm的正方形、裡布（含布片
部分）55×30cm、第二層裡布30cm的正方形、
棉襯45×30cm、直徑1 cm的鈕釦1顆

※單位cm　※除特別標示處外，縫份均為0.7cm

米原寸紙型 A面

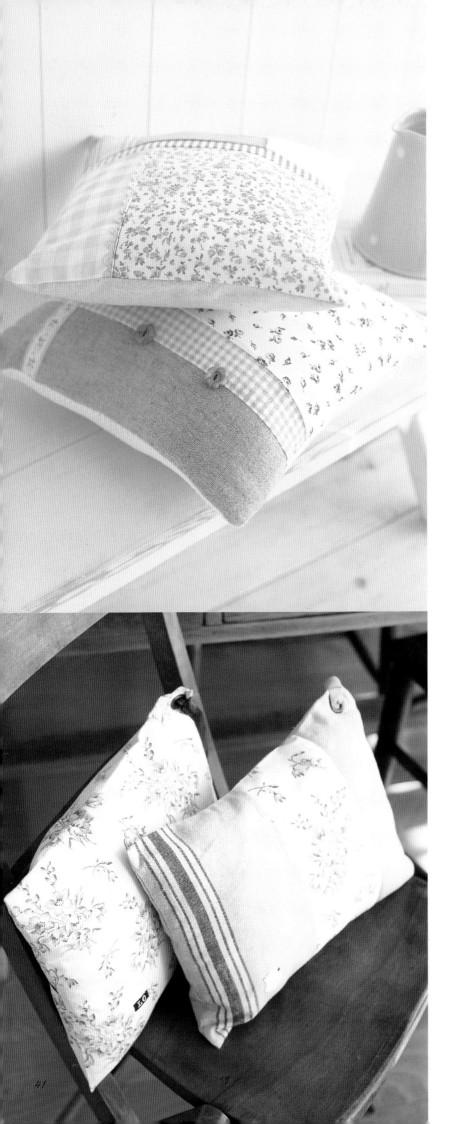

正方形小靠枕

埼玉縣／福島三千代

這是一款由較大片碎布拼縫的作品。看似與拼布作品不太相同，但格紋、直條紋，以及碎花圖案的接縫方式和拼布是一樣的。在接縫線夾入蕾絲蛇腹帶（上）或縫上鈕釦的巧思，都超有新意的！

米材料　＜上方的靠枕＞原色亞麻布（a・b用）30×40cm、拼布用布數種、寬0.5cm蕾絲蛇腹帶（為彎曲狀的裝飾帶，也可使用水兵帶代替）20cm、枕心（26cm的正方形）

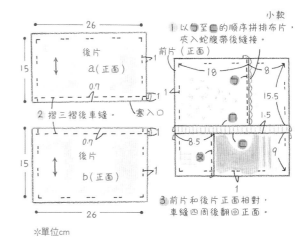

※單位cm

長方形小靠枕

東京都／小森里佳

成品為25×33cm，迷你的尺寸正適合當日間小憩的枕頭，隨意放在屋內也不覺礙手礙腳。在邊角處加上個雞眼釦，穿入緞帶，連小細節都不放過。

米材料　＜右側的靠枕＞拼布用布三種、圖案蕾絲、緞帶2種、直徑2cm的雞眼釦，直徑1cm的押釦各1組、枕心（25×33cm）

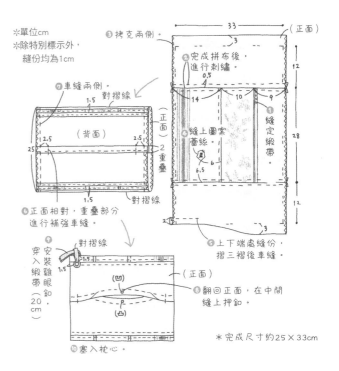

※單位cm
※除特別標示外，
　縫份均為1cm

＊完成尺寸約25×33cm

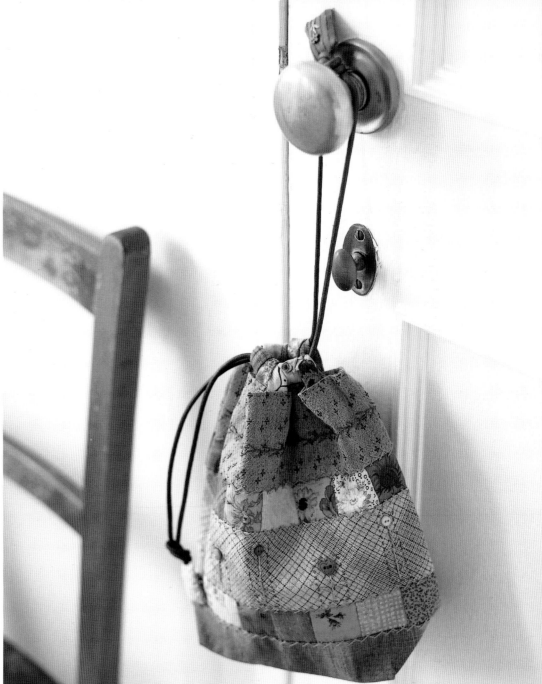

連繩端也有鈕釦花！利用不同花色的碎布縫製的穿繩環，熱鬧繽紛。

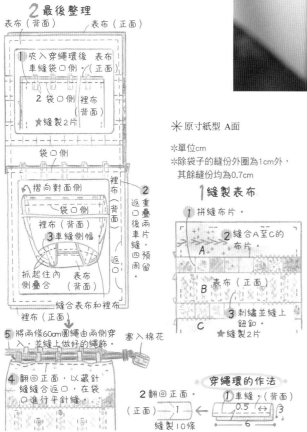

2 最後整理

表布（背面）　　　表布（正面）

① 夾入穿繩環後　表布
車縫袋口側（正面）

② 袋口側　裡布
（背面）

★縫製2片

袋口側

① 摺向對面側　　裡布
（背面）

袋口側

裡布（背面）

③ 車縫裡布幅

抓起住內
側疊合

表布
（背面）

縫合表布和裡布

裡布（正面）

② 重疊兩片，
返口後車縫
四周

返口

5 將兩條60cm圓繩由兩側穿入，並縫上做好的繩飾。

塞入棉花

4 翻回正面，以藏針縫縫合返口，在袋口進行平針縫。

穿繩環的作法

2 翻回正面。

（正面）→ □ ←1

縫製10條

① 車縫 （背面）

0.5 ↔ 3

6

米 原寸紙型 A面

※單位cm
※除袋子的縫份外圍為1cm外，
　其餘縫份均為0.7cm

1 縫製表布

① 拼縫布片。

② 縫合A至C的
布片。

A

B 表布（正面）

③ 刺繡並縫上
鈕釦

C

★縫製2片

花鈕釦縮口袋

神奈川縣／溝渕由美子

有二十年的拼布經驗的溝渕小姐，在一心追求繁複圖案之後，而今回顧時卻被基本的拼縫方式所吸引，由此可窺見四角拼布的魅力，值得一再細細地探索。哦！別漏掉包包上隨處綻放的鈕釦花。

米材料　拼布用布數種、穿繩環及繩飾、茶色繡紋織布（表布A用）30×20cm、淺茶色格紋布（裡布B用）、40×25cm、茶色及灰色格紋（裡布C用）30×25cm、印花布（裡布用）55×30cm、直徑0.4cm的圓頭蠟繩120cm、心型鈕釦（直徑1cm）4顆、（直徑0.6cm）6顆、花型鈕釦（直徑0.6cm）2顆、25號繡線、棉花

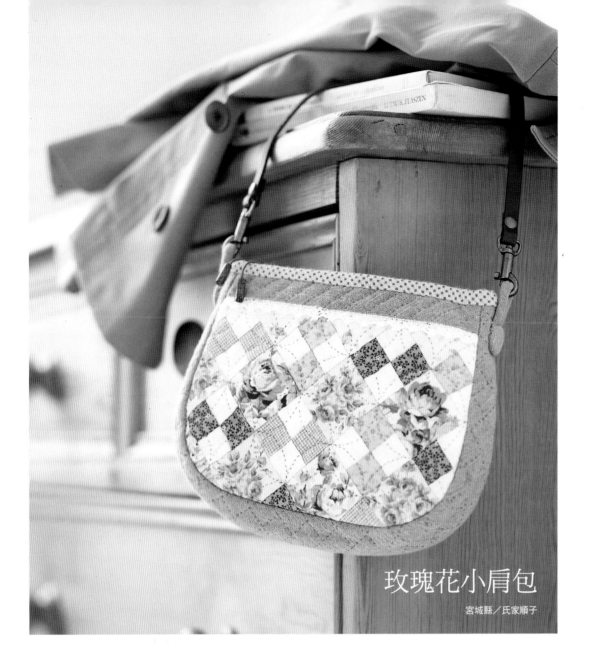

玫瑰花小肩包

宮城縣／氏家順子

再作一個——
四角拼布包

仔細看，原來是幾朵盛開的大朵玫瑰，在素色和碎花布襯托下，花朵顯得更搶眼。整體絕妙的平衡，讓人再次感受到拼布的美妙。

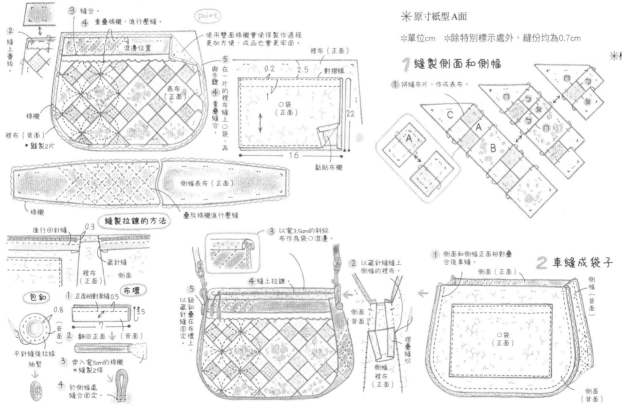

※原寸紙型 A面

※單位cm ※除特別標示處外，縫份均為0.7cm

1 縫製側面和側幅

① 拼縫布片，作成表布。

※材料 原色花朵印花布三種、綠白格紋布、小碎花布兩種各25×15cm、白色蕾絲30×15cm、粉駝色素色布（拼布用、側幅的表布、包釦、布環用）45cm的正方形、駝色繡紋布（滾邊用）25cm的正方形、小碎花布（裡布用）50cm的正方形、棉襯55×25cm、布襯、寬1.5cm蕾絲45cm、直徑2cm鈕釦2顆、長18cm拉鍊、市售肩帶

③ 縫合。
④ 重疊棉襯，進行壓縫。
② 縫上蕾絲
Point.

使用雙面棉襯會使得製作過程更方便，成品也會更牢固。

滾邊位置
表布（正面）
棉襯
裡布（背面）
●縫製2片

⑤ 與步驟④在同一片的裡布縫上口袋、④重疊縫合。

裡布（正面）
0.2　2.5　對摺線
1
口袋（正面）
22
16
黏貼布襯

側幅表布（正面）
棉襯
疊放棉襯進行壓縫

縫製拉鍊的方法

進行回針縫　0.3
藏針縫
裡布（正面）
布環

包釦

0.8
（背面）　3.5
① 正面相對車縫0.5
② 翻回正面　（背面）
平針縫後拉線抽緊
③ 穿入寬5cm的棉襯 ※縫製2條
④ 於側幅處縫合固定。

③ 以寬3.5cm的斜紋布作為袋口滾邊。

② 以藏針縫縫上側幅的裡布
④ 縫上拉鍊
⑤ 以鈕釦藏針縫在布環上固定。

口袋（正面）

2 車縫成袋子

① 側面和側幅正面相對疊合後車縫。
側幅（正面）
側面（正面）
側幅（背面）
側面（背面）
摺疊縫份
側幅裡布（正面）
口袋（正面）
側面（背面）

布書衣

東京都／鈴木惠美子

拆開來看，顯得零零落落，拼縫起來卻令人驚艷！鈴木小姐的創作風格簡單說就是藍色。藍布，與藍相稱的布……像是刻意選布縫製的，數數看，究竟用了幾種布呢？

※材料　各種碎布、丹寧布（裡布）40×20cm、寬0.7cm絲質紗質緞帶25cm、蕾絲和布帶適量、鈕釦4顆

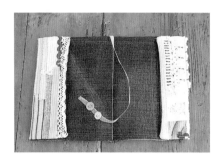

裡布是丹寧布。因為有厚度，可牢牢套住不滑動，所以易於攜帶。在薄紗緞帶上裝飾鈕釦，作成書籤。

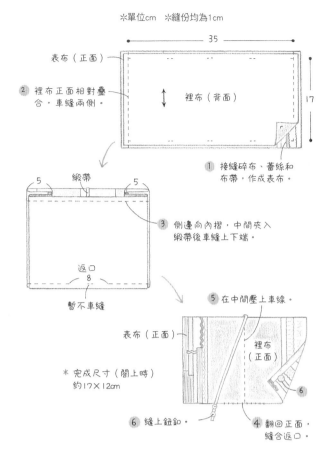

※單位cm　※縫份均為1cm

35

表布（正面）

② 裡布正面相對疊合，車縫兩側。

裡布（背面）

17

① 接縫碎布、蕾絲和布帶，作成表布。

緞帶

5　　5

③ 側邊向內摺，中間夾入緞帶後車縫上下端。

返口
8

暫不車縫

⑤ 在中間壓上車線。

表布（正面）

裡布（正面）

＊ 完成尺寸（闔上時）約17×12cm

⑥

⑥ 縫上鈕釦。

④ 翻回正面，縫合返口。

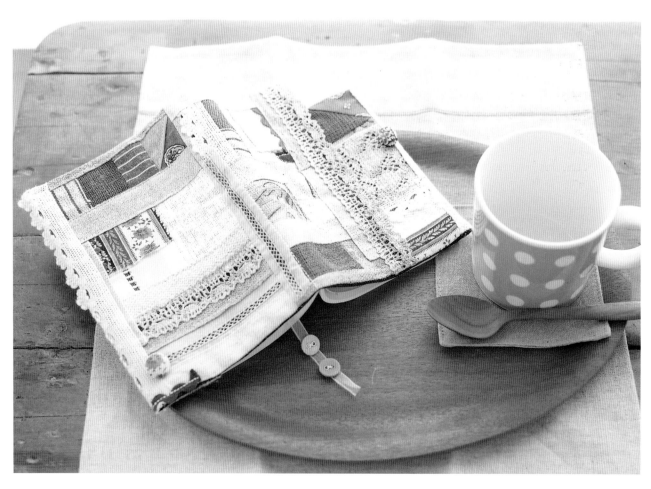

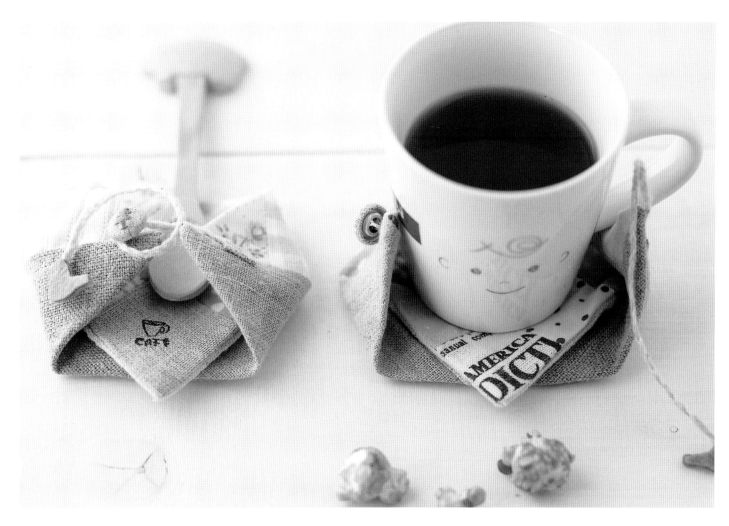

杯墊

愛知縣／佐藤純美

為什麼只是把四方形布片縫接起來，就能顯得獨樹一格呢？訣竅在於摺疊上的巧思。比照餐廳的餐巾，左疊右摺一番，圖片中的杯墊就會現身了。令人有一種置身咖啡館的錯覺哦！

※材料　（1張）數種碎布、不織布、直徑1.2cm的包釦、直徑0.2cm的麻繩40cm、25號繡線、印章、布用印章墨水

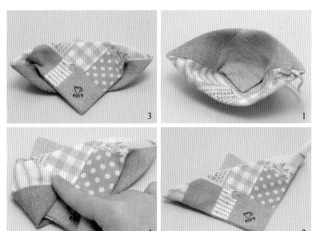

1. 拼縫碎布後，抓布端對角，將中間的角塞入裡面。2. 稍微拉出塞入角的尖端。3. 前後片蓬鬆攤平。4. 左右側的前端向內摺。以熨斗整燙步驟②至④的形狀。

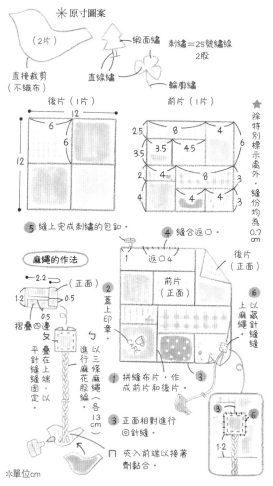

※單位cm

展現寬度的大方圖案

✳ 六角形拼布

照片為原寸大小。布片的原寸紙型在A面。

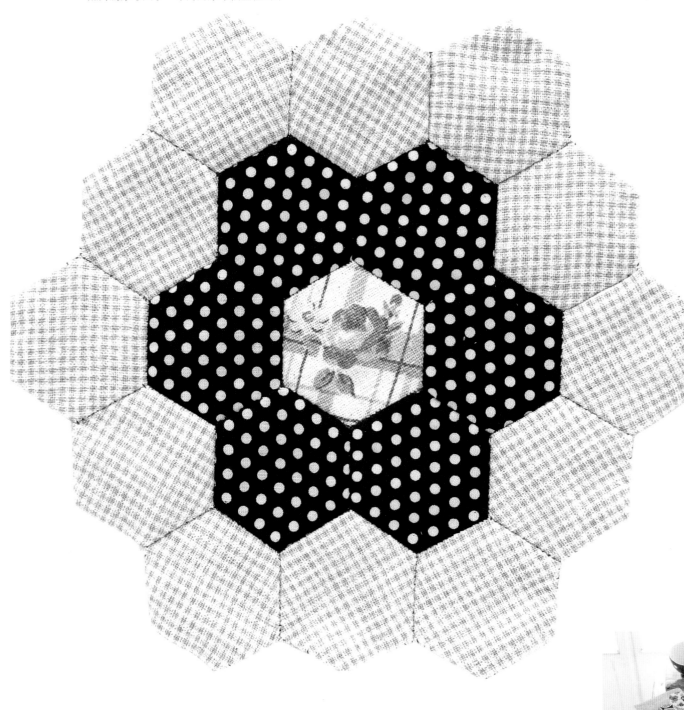

的意思。同樣是規則狀的圖案，但角的線條比四角拼布和緩，給人柔美的印象。

你一定也覺得要縫得這麼漂亮應該不容易吧！別擔心，只要事先在布片中夾入六角形的紙板後再縫，每個角都會是整整齊齊的，絕對不會失敗。

經過巧妙搭配，六角形圖案有時看來就像綻開的花朵。如果想增添作品的華麗感或做重點裝飾，一定會想到它。

Hexagon直譯為「六角形」

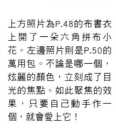

上方照片為P.48的布書衣上開了一朵六角拼布小花。左邊照片則是P.50的萬用包。不論是哪一個，炫麗的顏色，立刻成了目光的焦點。如此聚焦的效果，只要自己動手作一個，就會愛上它！

製作・指導／須長幸子

*為便於解說，改變部分縫線的顏色，
實際製作時請依布料色澤挑選縫線顏色。

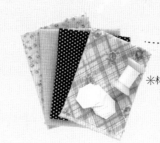

START!

拼縫六角形布片

六角形拼布的作法好像在拼拼圖。
只要按照花色的布片排列，一邊構圖一邊拼縫，好有趣喔！

米材料 拼布用布三種、裡布
25cm的正方形、各邊
22mm的六角形紙板19
片、線

裁縫

拼布

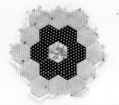

9 表布和裡布背面相對後，以珠針固定，加上0.7cm的縫份後裁下裡布。

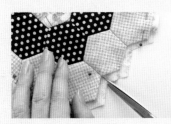

10 在裡布的凹處剪牙口。

11 摺疊裡布的縫份，縫份處進行疏縫。

立針縫的縫法

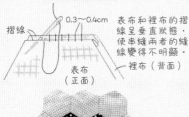
0.3～0.4cm
摺線
摺線
表布和裡布的摺線呈垂直狀態，使串縫兩者的縫線變得不明顯。
表布（正面）
裡布（背面）

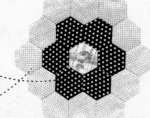

GOAL!

在四周進行立針縫（縫法請參閱圖示）。

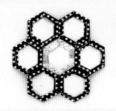

5 其餘4片同樣以捲針縫縫合，最後一片則需縫合三個邊。如此就完成一圈六角形拼布。

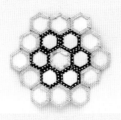

6 接著將其餘的12塊布片以捲針縫拼接，完成第二圈。

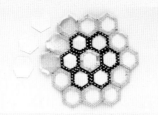

7 拆下疏縫線，取出紙板。

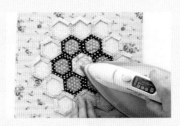

8 以熨斗熨開縫份，整平拼布塊。

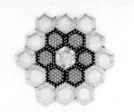

完成六角形拼布。

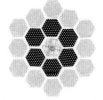

1 以紙型加畫上0.7cm的縫份後，裁成19片的布片。

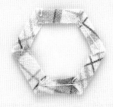

2 紙板放在布片背面，以珠針固定，摺疊縫份後進行疏縫（穿透紙板一起縫合）。其餘布片作法相同。

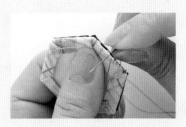

3 作為中心點的花芯布片與圓點布片正面相對疊放，以小針趾進行捲針縫。

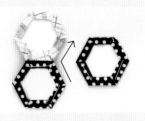

4 攤平步驟③，依箭頭方向接縫布片。

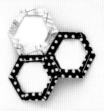

三張布片接縫起來。

布書衣

兵庫縣／高橋萬由里

Feedsack原指十九世紀中葉美國用來盛
裝家畜飼料的布袋，本款作品就是選用
Feedsack布料。亮麗花色與獨特觸感的結
合，令人印象深刻。

攤開布書衣，原來是一朵大花……
花芯是鮮艷的黃色。

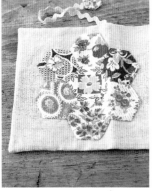

※材料　拼布用布數種、素色布（本體）45×40 cm、寬2.2cm蕾絲20cm、寬1cm水兵帶20cm

※原寸紙型 A面

※單位cm　※縫份均為0.5cm

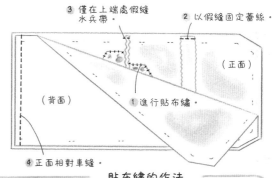

③ 僅在上端處假縫
水兵帶。

② 以假縫固定蕾絲。

（正面）

（背面）

① 進行貼布繡。

④ 正面相對車縫。

⑥ 翻回正面，
縫合返口。

（正面）

5.5 ④

（正面）

（背面）

返口

⑤ 將步驟 ④摺入，預留返口。

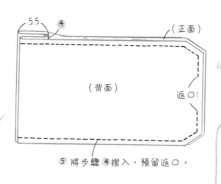

⑦ 夾住水兵帶的前端，
進行捲針縫。

※完成尺寸（闔上時）
16×11cm

貼布繡的作法

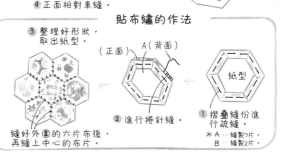

③ 整理好形狀，
取出紙型。

（正面）　A（背面）

② 進行捲針縫。

紙型

① 摺疊縫份進
行疏縫。

※A⋯縫製7片
　B⋯縫製2片

縫好外圍的六片布後，
再縫上中心的布片。

48

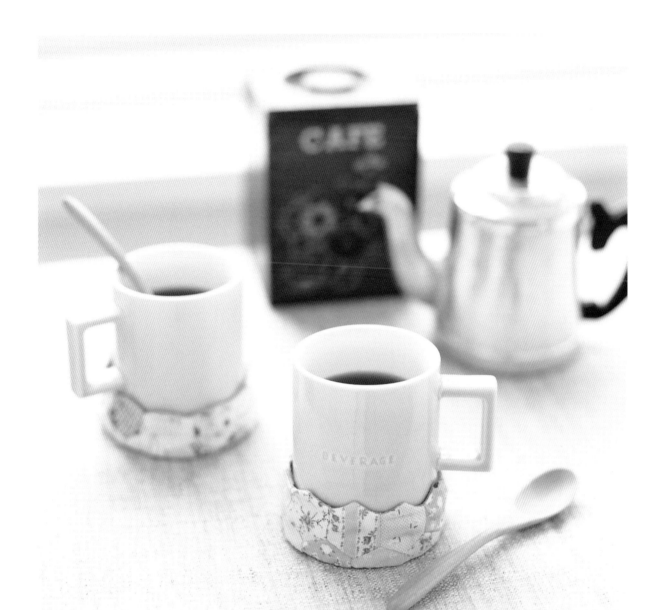

馬克杯墊

愛知縣／稻垣裕美子

幫每天都會用到的馬克杯，量「杯」縫製合適的杯墊吧！如果你是不擅長配色的人，可依照這個立體的六角拼布選用同色系的布片，保證零失敗！

※材料　（1個）拼布用布數種、駝色亞麻布（裡布・底部用）35×20 cm、10cm的正方形棉襯

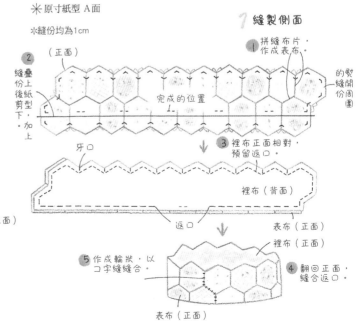

※ 原寸紙型 A面

※縫份均為1cm

1 縫製側面

①拼縫布片，作成表布。

②縫疊縫份上後剪下紙型，加上

（正面）

的熨縫開份周圍

完成的位置

牙口

③裡布正面相對，預留返口。

裡布（背面）

返口

表布（正面）

裡布（正面）

④翻回正面，縫合返口。

⑤作成輪狀，以 コ字縫縫合。

表布（正面）

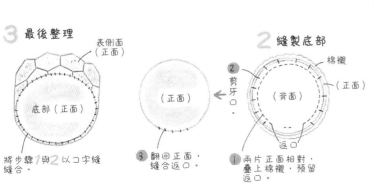

3 最後整理

表側面（正面）

底部（正面）

將步驟1與2以コ字縫縫合。

2 縫製底部

棉襯

（正面）

②剪牙口。

（背面）

（正面）

③翻回正面，縫合返口。

①兩片正面相對，疊上棉襯，預留返口。

返口

六角拼布萬用包

大阪府／辻野和代

這是一款可作為配色範本的萬用包。辻野小姐以最愛的雛菊為主角，四周再搭配圓點及條紋圖案，全都不脫離橘色系，維持一致感。正如包名所言，放什麼都方便！

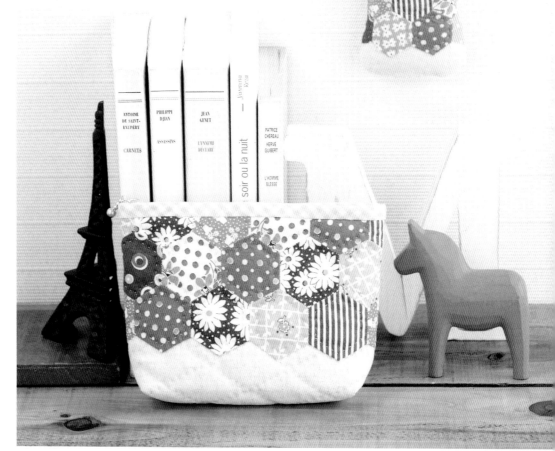

參考萬用包的作法縫製的手機袋。D型環穿過棉布，再加上附鋅鉤的皮製提把。完成尺寸約11.5×8 cm。

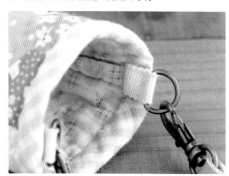

米材料　<萬用包>拼布用布數種、表布25×35cm、裡布30×35cm、棉襯25×35cm、寬4cm的滾邊布40×5cm、長17cm拉鍊

※單位cm
※除特別標示處外，縫份均為0.7cm

※ 完成尺寸
約12×14cm
側幅4cm

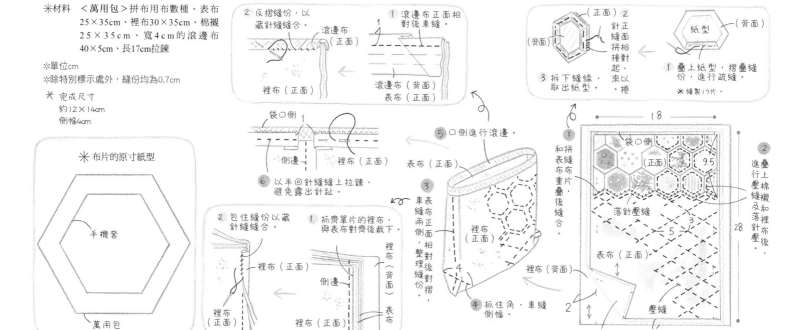

米 布片的原寸紙型

手機套

萬用包

1 滾邊布正面相對後車縫
滾邊布（正面）

2 反摺縫份，以藏針縫縫合
滾邊布
裡布（正面）

（正面）2
（背面）
針正縫面拼相接對起，來以。捲
3 拆下縫線，取出紙型
紙型（背面）
1 疊上紙型，摺疊縫份，進行疏縫
※縫製17片

袋口側
側邊　裡布（正面）

5 口側進行滾邊。
表布（正面）

6 以半回針縫縫上拉鍊，避免露出針趾。

2 包住縫份以藏針縫縫合。
裡布（背面）
側邊
裡布（正面）

1 抓齊單片的裡布，與表布對齊後裁下。
裡布（背面）
側邊
表布
裡布（正面）

3 車縫表布正面相對後，整理縫份。
表布（正面）
裡布（正面）

4 抓住角，車縫側幅。
裡布（背面）

1 和拼縫表布布片重疊後縫合。
袋口側
（正面）
9.5
落針壓縫
表布（正面）
裡布（背面）
5
2
棉襯　袋口側（裁剪）

2 進行疊上棉襯及裡布壓後針布壓。
18
28
壓縫

50

就愛拼布，千變萬化的巧妙組合！

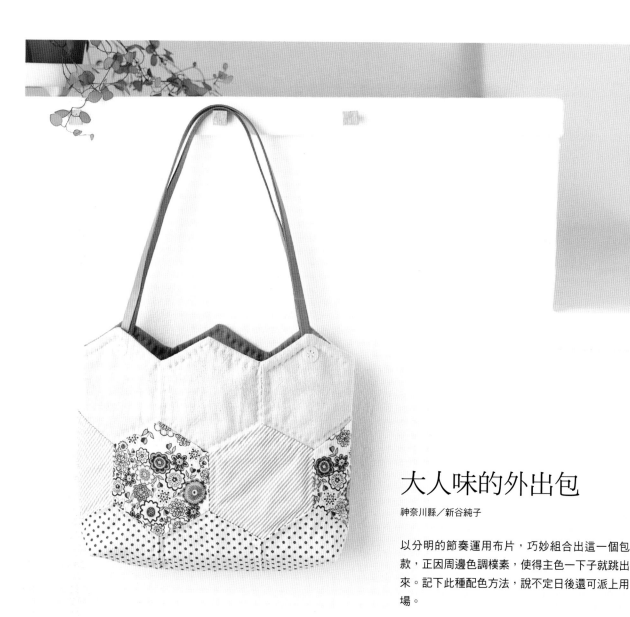

大人味的外出包

神奈川縣／新谷純子

以分明的節奏運用布片，巧妙組合出這一個包款，正因周邊色調樸素，使得主色一下子就跳出來。記下此種配色方法，說不定日後還可派上用場。

米材料　砂褐色素色布40×30cm、印花布、條紋布各30cm的正方形、圓點印花布40×25cm、深粉紅素色布（裡布・墊布用）、棉襯各65×35cm、寬1cm皮帶110cm、直徑1.5cm鈕釦4顆

米布片於原寸紙型 A面

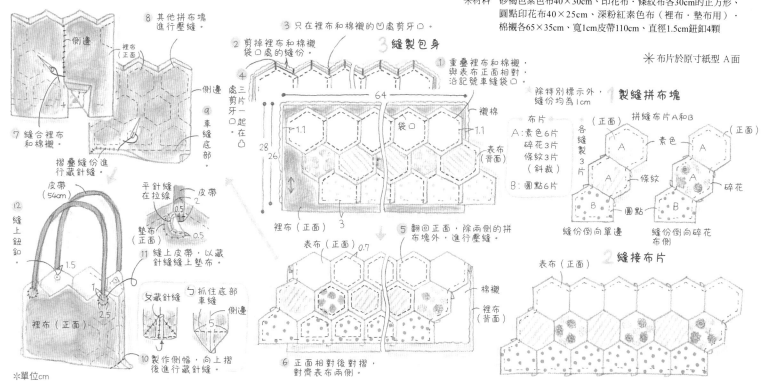

※單位cm

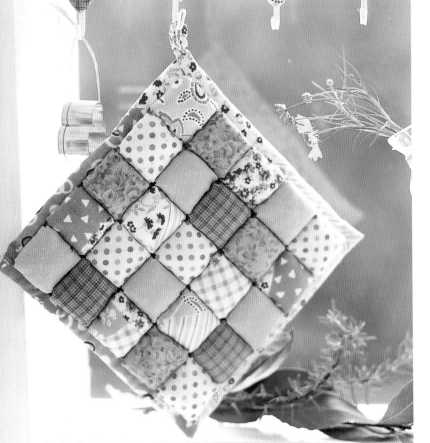

泡芙隔熱墊

山梨縣／持田由季子

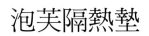

將塞入棉花的泡芙拼布，運用在隔熱墊上，可達到完全阻絕熱傳遞的效果，是款不僅好看又實用的作品。鮮麗的色調則將四周輝映得繽紛熱鬧，廚房氣氛也會變得煥然一新。

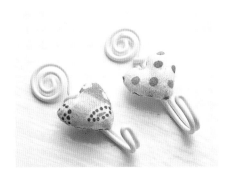

碎布裁成直徑約2cm的心形，拼接後塞入棉花的迷你掛鉤。加上鐵絲，是吊掛隔熱墊或衣服的好用小道具。

米材料　<隔熱墊>泡芙‧布環用數種布片、印花布（裡布用）‧棉襯各20cm的正方形、寬4cm滾邊用布80cm、棉花
<迷你掛鉤1個>印花10×5cm、直徑0.2cm鐵絲25cm、棉花

為拼布注入新元素，來個小變化！

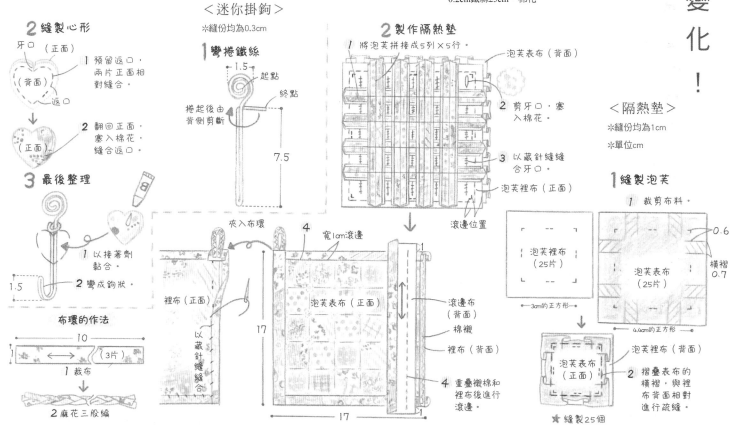

2 縫製心形

牙口　（正面）

預留返口，兩片正面相對縫合。

（背面）

返口

2 翻回正面，塞入棉花，縫合返口。

（正面）

3 最後整理

1 以接著劑黏合。

1.5

2 彎成鉤狀。

布環的作法

10

（3片）

1 裁布

2 麻花三股編

<迷你掛鉤>

※縫份均為0.3cm

1 彎捲鐵絲

1.5　起點

捲起後由背側剪斷

終點

7.5

夾入布環

4

寬1cm滾邊

17

裡布（正面）

以藏針縫縫合

泡芙表布（正面）

滾邊布（背面）

棉襯

裡布（背面）

4 重疊襯棉和裡布後進行滾邊。

17

1

---

2 製作隔熱墊

1 將泡芙拼接成5列×5行。

泡芙表布（背面）

2 剪牙口，塞入棉花。

3 以藏針縫縫合牙口。

泡芙裡布（正面）

滾邊位置

<隔熱墊>

※縫份均為1cm

※單位cm

1 縫製泡芙

1 裁剪布料。

泡芙裡布（25片）

3cm的正方形

泡芙表布（25片）

0.6

橫褶0.7

4.4cm的正方形

泡芙表布（背面）

泡芙表布（正面）

泡芙裡布（正面）

2 摺疊表布的橫褶，與裡布背面相對進行疏縫。

★ 縫製25個

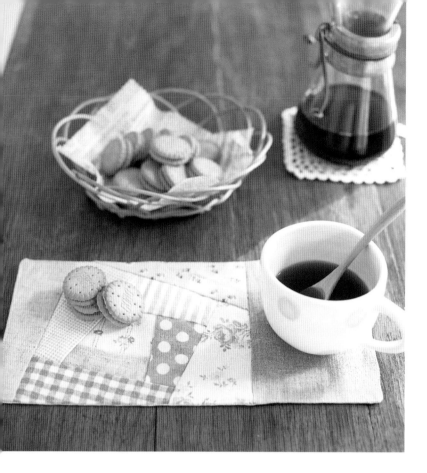

瘋狂拼布餐墊

東京都／鹽崎百合榮

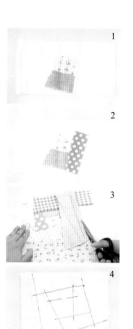

這是一款由四角形、三角形、梯形或菱形碎布拼縫起來的漂亮餐墊，這種作法稱為「瘋狂拼布」。建議你試著把布片縫在介於表片與裡布的第二層裡布上。

※材料 八種拼布用各20cm的正方形、第二層裡布25×20cm、駝色亞麻20×15cm、裡布25×20cm

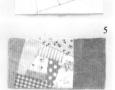

1. 將位於中間的兩片布片正面相對，疊放在第二層裡布上車縫。縫好後打開布片。
2. 再正面相對疊上圓點布後車縫，接著將布片翻至正面。
3. 與步驟①至②作法相同，拼縫其餘布片。剪掉多餘的縫份。
4. 拼接完所有布片後，修剪為25×20cm。右圖為內側的模樣。
5. 自由度百分百的瘋狂拼布，完成！

碎花口袋圍裙

櫪木縣／武田英里

你可以自行縫製一件圍裙，也可以挑選現成的圍裙，直接將由碎布拼成的口袋縫製於其上。只要在口袋的中間抓個橫褶，或是布標等細節處多花一些巧思，就可以讓圍裙看起來就像咖啡館的制服一樣俏麗可人！

※原寸紙型A面

※單位cm ※除特別標示外，縫份均為0.7cm

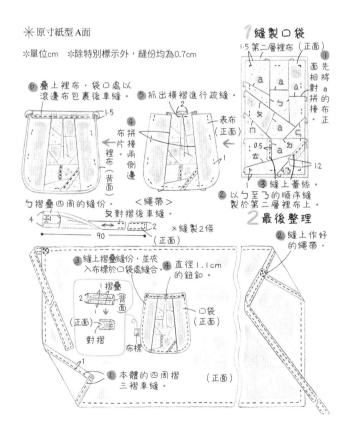

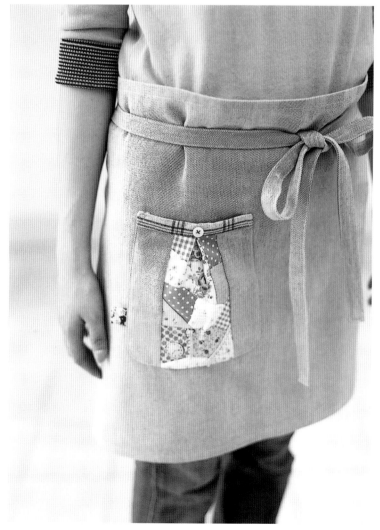

※材料 拼接用布數種、滾邊用布、布標用布、駝色棉麻（本體）100×90cm、素色（口袋裡布用）20cm的正方形、第二層裡布15×20cm、兩種蕾絲、鈕釦1顆

同
色
系
不
同
花
紋
的
漂
亮
拼
縫

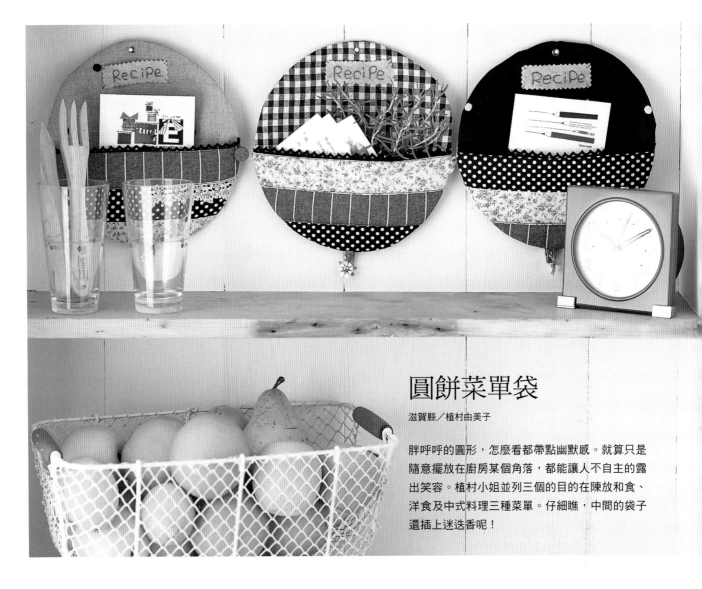

圓餅菜單袋

滋賀縣／植村由美子

胖呼呼的圓形，怎麼看都帶點幽默感。就算只是隨意擺放在廚房某個角落，都能讓人不自主的露出笑容。植村小姐並列三個的目的在陳放和食、洋食及中式料理三種菜單。仔細瞧，中間的袋子還插上迷迭香呢！

排成縱形一直線。利用夾子將袋子串在一起。夾子也可用來夾備忘紙條。

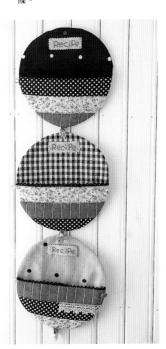

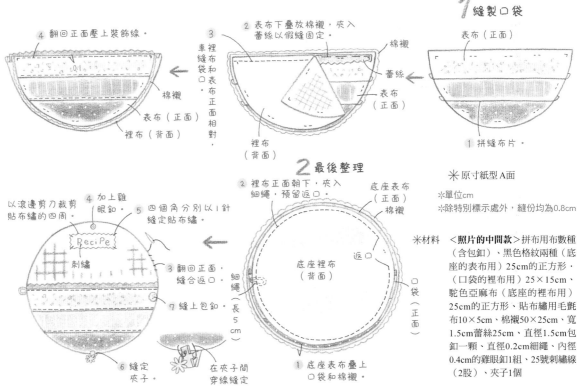

1 縫製口袋

表布（正面）

表布（正面）

1 拼縫布片

2 表布下疊放棉襯，夾入蕾絲以假縫固定。

棉襯
蕾絲
表布（正面）

3 裡布和表布正面相對，車縫袋口。

裡布（背面）

4 翻回正面壓上裝飾線。

棉襯
表布（正面）
裡布（背面）

2 最後整理

1 底座表布疊上口袋和棉襯。

2 裡布正面朝下，夾入細繩，預留返口。

底座表布（正面）
棉襯
返口
細繩
口袋（正面）

底座裡布（背面）

3 翻回正面，縫合返口。

4 加上雞眼釦。
5 四個角分別以1針縫定貼布繡。
刺繡
細繩（長5cm）
6 縫定夾子。
在夾子間穿線縫定
7 縫上包釦。

以滾邊剪刀裁剪貼布繡的四周。

米 原寸紙型A面

※單位cm
※除特別標示處外，縫份均為0.8cm

米 材料 <照片的中間款>拼布用布數種（含包釦）、黑色格紋兩種（底座的表布用）25cm的正方形、（口袋的裡布用）25×15cm、駝色亞麻布（底座的裡布用）25cm的正方形、貼布繡用毛氈布10×5cm、棉襯50×25cm、寬1.5cm蕾絲25cm、直徑1.5cm包釦一顆、直徑0.2cm細繩、內徑0.4cm的雞眼釦1組、25號刺繡線（2股）、夾子1個

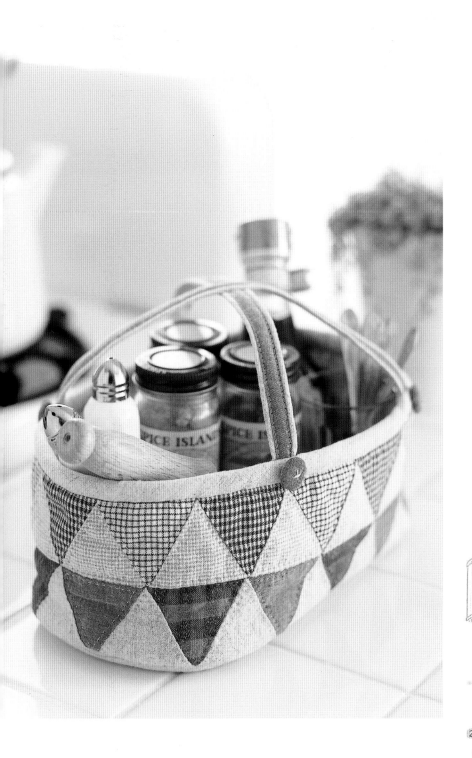

※材料　格紋布（拼布用）數種、深茶色素色布（拼布‧提把‧包釦用）20×30cm、駝色素色布（拼布‧底部表布‧滾邊‧提把）50cm的正方形、格紋布（裡布用）70×30cm、棉襯80×35cm、直徑1.5cm四孔鈕釦4顆、厚紙板

※ 原寸紙型 B面　　※單位cm
　　　　　　　　　　※除特別標示處外，縫份均為0.7cm

1 縫製側面

① 拼縫布片，作成表布，疊上棉襯後進行壓縫。

表側面
表布（正面）　　8.6
10
棉襯
裡側面　　65（13枚）

裡布（正面）　3
② 裡布疊放棉襯後進行壓縫。
8.6
65

裡側面（正面）
裡側面（背面）
表側面（正面）
表側面（背面）

③ 分別車縫步驟 ① 的表布側面和 ② 的裡布側面的側邊。

④ 表側面和裡側面背面相接縫合，接合處進行滾邊。

裡側面（正面）
表側面（正面）
寬3cm滾邊布（背面）

2 縫上底部

棉襯
表布（正面）
① 表布疊放棉襯後進行壓縫。

裡側面（正面）
底部（背面）
② 與側面縫合。

3 最後整理

③ 縫製中底，接著 藏針縫，縫至底部內側。
中底（正面）
裡側面（正面）
底部（背面）

① 縫上製作好的提把。
裡側面（正面）
10
表側面（正面）
② 縫上製作完成的包釦。
線穿入四孔鈕釦縫定

包釦的作法

（背面）　3
四孔鈕釦
0.3
② 拉緊線，打上終縫結。
✿ 縫製4顆　① 縮縫。

中底的作法

中底（背面）
以平針縫包住厚紙板和棉襯。
厚紙板
裁剪
中底布　1.5
棉襯
（背面）

提把的作法

棉襯
（背面）　1.5　（正面）
3　1.5
① 從兩端處向內摺一半。
27.5
1.4（背面）　0.7
（正面）
② 重疊縫固定。（正面）
★ 縫製2條

三角拼布提籃

千葉縣／作間京子

三角拼布與四角拼布並列人氣王。只是簡單將茶色布規則排列，看起來就這麼有韻律感。引人注目的交錯提把，也看得到三角形喲！

承載著滿滿愛心的孩童用品

相信你的每一件作品將隨著孩子燦爛的笑容，變得越來越漂亮！

但是認真完成一件事的成就感，卻能為新手媽媽帶來自信。

就算笨手笨腳的，連針趾也縫不工整，

若你也有這種感動，請立刻翻閱本單元，找出喜歡的圖案。

只要一看到孩子純真的笑容，就覺得手癢癢的。

媽媽的手作品，總是
蘊藏著最溫柔的情意。

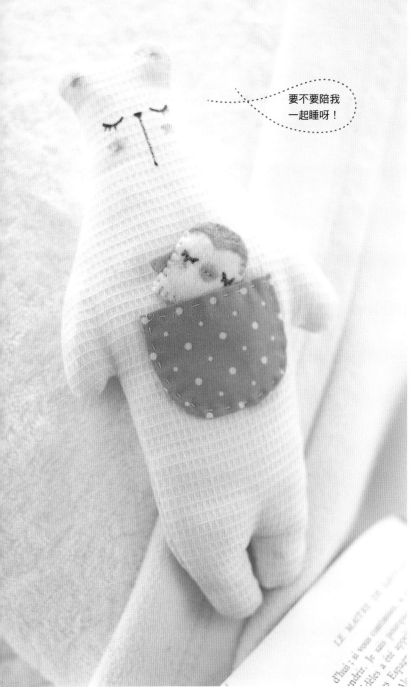

要不要陪我
一起睡呀！

睡得香甜熊熊枕頭

岐阜縣／小倉加奈美

若考慮到會直接觸和肌膚，那麼二重紗當然是首選，因為它兼具了棉紗的柔軟與鬆餅布的觸感。小企鵝的肚子內還塞入乾燥的薰衣草。孩子可來拿當睡午覺的枕頭，大人則可作為眼枕使用。

米材料　＜枕頭＞蜂巢織的二重紗30×25cm、圓點印花布10×15cm、填充用塑料顆粒（填入布偶等內部的手工藝材料）
＜香袋＞白色·藍色的不織布、25號繡線、乾燥香草

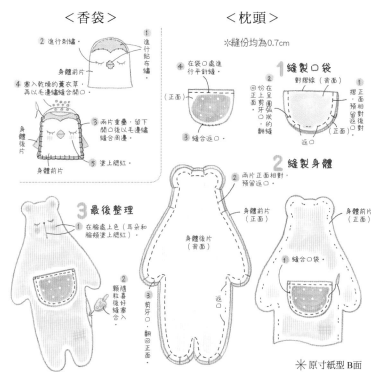

＜香袋＞

① 進行貼布繡
② 進行刺繡
　身體前片
④ 塞入乾燥的薰衣草，再以毛邊繡縫合開口
　身體後片
③ 兩片重疊，留下開口後以毛邊繡縫合周邊
⑤ 塗上腮紅
　身體前片

＜枕頭＞

※縫份均為0.7cm

④ 在袋口處進行平針縫
（正面）
③ 縫合返口

1 縫製口袋
① 摺，正面相對後對
② 對摺線（背面）
回份在呈圓弧狀的牙口上剪牙口、翻縫
（正面）
③ 返口
（正面）

2 縫製身體
② 兩片正面相對，預留返口
　身體前片（正面）
　身體後片（背面）
　身體前片（正面）
① 縫合口袋

3 最後整理
① 在臉處上色（耳朵和臉頰塗上腮紅）
② 隨喜好後塞入顆粒後縫合
③ 剪牙口·翻回正面

米 原寸紙型 B面

帶來輕柔觸感的絨毛布和棉紗

洋溢春天色彩的圍兜兜

大阪府／北山壽代

由於圍兜兜的使用範圍靠臉部，所以特地選用絨毛布，並繡上黃色的小雞圖案。既然是小寶貝要用的，當然是越漂亮越好，所以另外再拼縫小花圖案的碎布，可愛度滿分！

米材料　拼布用花朵圖案印花布三種、白色絨毛布25×20cm、駝色亞麻布（拼接布·貼布繡用）10×5cm、粉紅格紋布（包釦·滾邊用）50cm的正方形、奶油色印花布（裡布用）25×35cm、直徑1.5cm的包釦1顆、25號繡線、魔鬼氈

1 拼縫表布
③ 縫上拼接布
⑤ 以立針縫縫合
　拼接布（正面）
　表布（正面）
④ 製作貼布繡
② 與步驟 1 縫合
① 拼縫布片

貼布繡作法
刺繡
摺邊0.3
立針縫

米 原寸紙型 B面

2 最後整理
　裡布（正面）
③ 後寬縫2.8的表布正面相合，後車縫
　表布（正面）
　裡布（正面）
　斜紋布帶（背面）
① 表布和裡布背面相對後進行疏縫
② 進行落針壓縫
＊裡布和拼接布縫合
④ 藏針縫縫合以裹縫縫份後
⑤ 以立針縫縫上魔鬼氈

（正面）
⑤ 以立針縫縫上魔鬼氈
　表布（正面）
　裡布（正面）
②（凹）
②（凸）
④ 表布和裡布正面相對後進行疏縫
帶寬2.8的斜紋布

※單位cm
※縫份均為1cm

嬰兒鞋

千葉縣／長谷川久美子

以碎布拼縫，卻因布料不足，造成左右腳的圖案不一致，結果反倒多了一分俏麗，透露出獨持的手作感。鞋帶部分直接使用布料的布邊，這麼一來就算碰到小腳腳也不會痛！

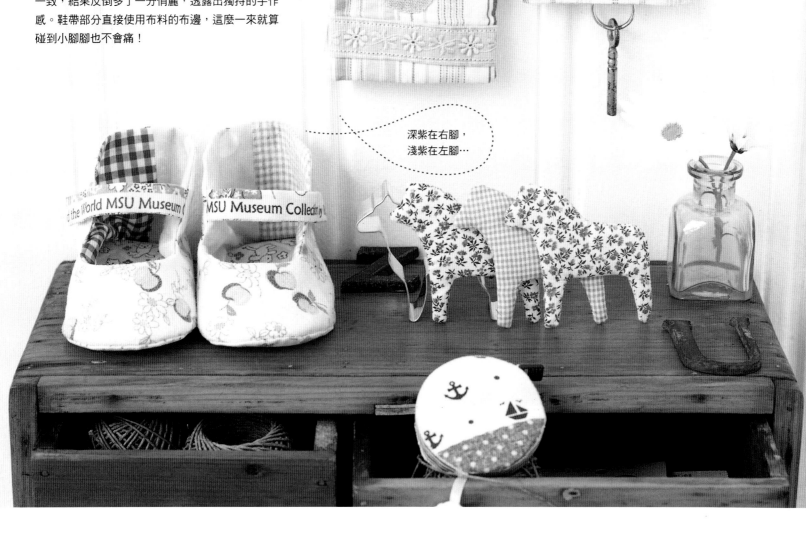

深紫在右腳，
淺紫在左腳…

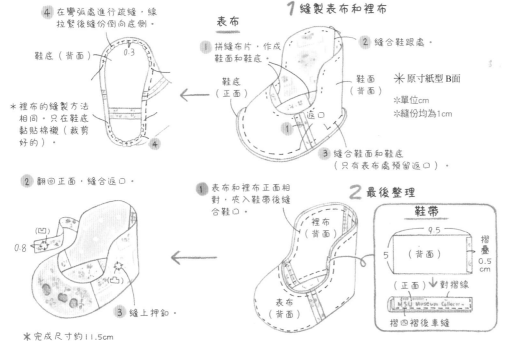

1 縫製表布和裡布

表布

1 拼縫布片，作成鞋面和鞋底。

2 縫合鞋跟處。

鞋底（背面）

鞋面（背面）

鞋底（正面）

鞋面（背面）

返口

3 縫合鞋面和鞋底（只有表布處預留返口）。

米原寸紙型B面
※單位cm
※縫份均為1cm

4 在彎弧處進行疏縫，線拉緊後縫份倒向底側。

鞋底（背面）

0.3

* 裡布的縫製方法相同。只在鞋底黏貼棉襯（裁剪好的）。

2 翻回正面，縫合返口。

（凹）

0.8

3 縫上押釦。

1 表布和裡布正面相對，夾入鞋帶後縫合鞋口。

裡布（背面）

表布（背面）

2 最後整理

鞋帶

9.5

（背面）

5

摺疊 0.5 cm

（正面）↓對摺線

MSU Museum Collection

摺四褶後車縫

※完成尺寸約11.5cm

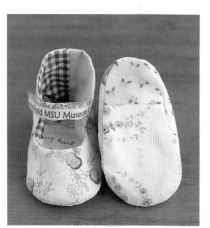

翻到鞋底一看，原來也是由布片拼縫的。可愛到讓人不時想拿起來瞧一瞧！

米材料　二十一種碎布各約10cm的正方形、棉襯20×15cm、直徑1cm的塑膠押釦2組